歴史文化ライブラリー
307

幕末の世直し 万人の戦争状態

須田 努

吉川弘文館

目　次

1　偃武の社会から〝万人の戦争状態〟へ

偃武の社会から〝万人の戦争状態〟へ――プロローグ

慶応四年（一八六八）、江戸幕府は滅んだ。あたりまえであるが、幕府は突如として滅亡したわけではない。幕藩体制という政治のしくみが崩れ始め、社会変容が始まり、その結果、幕府が倒れたわけである。

本書『幕末の世直し 万人の戦争状態』は、一九世紀の社会変容の問題を、社会文化史・民衆史の視座から一八世紀後半にさかのぼり叙述したものである。

石高制・兵農分離・鎖国など幕藩体制を維持する政治制度があり、さらにこれを支える政治理念がある。一九八〇年代以降、この政治理念を解明する研究が進み、仁政イデオロギーと武威という二つの柱が幕藩体制を支えていたことが明らかにされた。

偃武《えんぶ》=平和を作り出したのは徳川家であり、偃武の社会を保全しているには幕藩領主であるということを前提に、幕藩領主は百姓たちに重い年貢を課すが、被治者である百姓の生命と家の相続は公法的に保障される、という考え方を仁政イデオロギーと呼び、幕藩領主は強大な武力を独占し治者として君臨するが、これを実際に行使することなく支配を貫徹させる、という観念を武威と呼称する。

仁政イデオロギーと武威という二つの支柱の下、民衆は暴力を封印し、盗みと放火をも規制し、訴願に基づいた百姓一揆という抵抗運動を編み出した。この意味で、百姓一揆とは偃武の社会特有の政治文化——より民衆への目線を強くするならば社会文化——と規定できる。同時代の東アジアに視野を拡大した場合、百姓一揆ほど特異な民衆運動はない、という歴史認識を持つ必要がある。

民衆運動の方法・手段は本来多様であり、これを選択するのは民衆である。日本の戦国時代、人びとは武器を取り、戦国大名に抵抗する土一揆を起こした。戦国大名と土一揆とのぶつかり合いは、あたかも合戦の様相となった。

戦国時代が終焉し、偃武の社会に入ったからこそ、人びとは武器と暴力とを封印し、幕藩領主の武威を畏怖しつつ訴願を行い、彼らの仁政を引き出そうとして百姓一揆を起こしたのである。

江戸時代の村々に日本刀・鉄砲といった武器が存在していたことは、すでに周知の事実となっている。もちろん、この事実をもって、江戸時代の村は武力を潜在的に有していた、という短絡的な理解はできない。武器の使用に長けた人びとによって、人を殺害するために組織化されたものが武力であり、村々に武器が存在していたことと、人びとがこれを集団で行使することは、まったく意味が異なる。江戸時代のある時期まで、民衆は意識して暴力そのものを〝引き出し〟の奥に封印したのである。

わたしが重視し論じてきたのは、この〝引き出し〟を開け、暴力の封印を解くのも民衆である、という点であり、仁政イデオロギーと武威という支柱が揺らぎ始めると社会はどうなるのか、という問題である。

本書のタイトルは『幕末の世直し 万人の戦争状態』とつけた。幕末、貧農・小作農、諸稼ぎに従事する人びとが中心となり、質地・質物の返還、債務関係の一切破棄と窮民救済を唱え、豪農・商を襲撃する打ちこわしが発生した。これを世直し騒動と呼ぶが、本書では、ここに結集した人びとの心性・行動を見ることに重点を置き、少々幅広い意味を持たせると同時に、時代への意識を強めるため、「幕末の世直し」と表記した。

また、トマス・ホッブズの『リヴァイアサン』からヒントを得て、既存の権力が崩壊し混沌とする幕末社会を、偃武の社会に対して〝万人の戦争状態〟と表象した。ただし、これは概念（暗喩）であることをお断りしておきたい。

わたしは、民衆運動には当時の社会や政治が色濃く反映されていると考えている。本書でも、当時の社会を理解するために多くの百姓一揆・騒動を取り上げた。伝馬騒動・上州絹一揆・武左衛門一揆・甲州騒動・防長大一揆・加古川一揆・奥北浦一揆・三方領地替反対一揆・武州世直し騒動・川越藩農兵反対一揆・上州世直し騒動・野州世直し騒動などである。このように固有名詞を列挙すると、一揆と騒動という表記が混在しているように見えるが、一揆とは徒党・強訴を中心としたもので、これに、打ちこわしがともなう場合は伝統的に騒動と呼称されてきたようであり、本書でもこれを踏襲した。

本書では、暴力という言葉の使用に関しては一定のルールを設けた。いわゆる言葉の暴力や、家屋・私財を破壊する行為を除外し、日本刀などの武器を使用して身体に行使するものを暴力と表現した。そして、民衆間で行使される暴力を水平方向の暴力、民衆と幕藩領主との間において使われる暴力を垂直方向の暴力と、それぞれ呼称した。

最後に、本書を読み進めるうえでの、キーワードを明示しておきたい。タイトルのほかには、私慾、百姓一揆の作法、「悪党」、〝今ここにある危機〟、民衆運動の〝引き出し〟などである。参考にしていただければ幸いである。

予兆

私欲の連鎖

伝馬騒動—うずまく賄賂

明和元年（一七六四）閏一二月下旬から翌年正月にかけて、武州《ぶしゅう》を中心に、上州《じょうしゅう》・信州・野州《やしゅう》の中山道《なかせんどう》周辺の一〇〇〇か村の百姓たち（二〇万人とも言われる）が、幕府の増助郷《ましすけごう》（後述）に反対して強訴《ごうそ》・打ちこわしを起こした。伝馬騒動《てんまそうどう》である。

明和元年一二月二二日、武州児玉郡の百姓たちは十条河原に結集し、増助郷撤回を求め江戸に強訴するため、中山道を南下していった。一揆は参加強制によって人員を増加させつつ、周辺地域に波及した。幕府は、江戸強訴を阻止すべく中山道板橋の宿を固め、中山道沿道の諸大名・旗本に鎮圧の命令を出した。老中松平武元《まつだいらたけちか》の命を受けた関東郡代伊奈半左衛門忠宥は、家臣の宇田川喜兵衛・田中与市右衛門らを派遣し、一揆勢の要求である増助郷撤回を全面的に受け入れる旨を伝え一揆勢の説得につとめさせた。要求が通ったと判断した一揆勢は江戸強訴を取りやめた。

この直後から、一揆の様相は一変する。明和元年閏一二月大晦日から翌年正月一一日にかけて、結集した百姓たちによる、増助郷の出願人打ちこわしが始まるのである。伝馬騒動は、強訴から大規模な打ちこわしへと変容していったのである。

正月一日から四日、武州西部の高麗《こま》郡・入間《いるま》郡の出願人と酒造家などが打ちこわされ、五日から七日にかけては、武蔵国の東部にある岩槻・日部・騎西《きさい》地域からの参加人員が増加し、羽生町周辺地域も打ちこわされた。

幕府は打ちこわしへと変容した伝馬騒動を鎮圧できなかった。明和二年正月一〇日から一一日にかけ、騒動は自然に鎮静化していった。そして後述するように、増助郷はとりやめとなった。正月二〇日から、騒動参加者に対する幕府の探索が本格化し、頭取となった関村名主兵内の獄門をはじめ、遠島一人・重追放一人など、三五〇人以上の百姓たちが処罰された。

二〇万人とも言われる百姓が参加した伝馬騒動は、関東地域で初めて発生した大規模広域化した百姓一揆であった。助郷役負担は個別領主の支配領域を越え、広範囲に設定された。ゆえに、これに反対する百姓一揆も、幕府への強訴を企図して個別領主の支配領域を越え、広域化したのである。実際の結集の場面では、不参加の村は打ちこわす、放火するといった過激な参加強制が行われた。二〇万人もの百姓の結集はこうして実現されたのである。本書の問題関心からは、伝馬騒動の背景について詳述していきたい。キーワードは増助郷・出願人・賄賂である。

この問題を考察するためには、助郷・増助郷、さらに出願人とは何かを説明しなければならない。伝馬騒動から一〇〇年ほど歴史をさかのぼる寛文五年（一六六五）、幕府は幕藩領主の利便のため、公用人馬＝伝馬を五街道の各宿場に常備することを命じた。中山道の場合は、人足《にんそく》五〇人・馬五〇匹と定められた。しかし、この規定では参勤交代《さんきんこうたい》などの需要に満たないため、さらに街道近隣の村々に伝馬役の補塡として、一定期間の人馬供出を命じた。これが助郷である。助郷は、宿場の負担ではなく、街道周辺の村々、百姓の負担となった。

百姓たちにとって、農繁期に人馬を提供することは、農作業の破綻を意味する。彼らは実際に人馬を出す代わりに、金銭を納入することを選択し、幕府もこれを受け入れたため、元禄期（一七世紀後半）頃には助郷の代銭納化が一般化していった（児玉幸多『近世交通史の研究』筑摩書房、一九八六年）。幕府は伝馬に使用する人馬を確保しなければならないのであるから、村々が助郷負担の代わりに納入した金銭を投下して人馬を集める仲介者＝助郷ブローカーが登場してくることとなる。

享保期（一八世紀前半）頃になると、さらに主要街道の交通量は増加し、助郷役をもってしても、公用人馬需要を満たすことが難かしくなってきた。つまり、既存の助郷代銭納額では、需要の増加に対応できなくなったわけである。宝暦一一年（一七六一）、中山道の宿問屋や周辺村々の百姓たちは、道中奉行に対して助郷役の拡大＝増助郷を求める嘆願を行った。もちろん、増助郷は百姓たちにとって負担の増加となり、困窮につながるはずであった。実は、この嘆願にはウラがあったのである。嘆願の中心人物（出願人）は、武蔵国足立郡川田谷村高橋甚左衛門・足立郡沖村権左衛門・入間郡紺屋村彦四郎・高麗郡町屋村半蔵など、みな富裕な百姓たちであった。

増助郷が正式に決定すれば、従来の助郷役負担の村よりさらに遠距離の村までもその範囲に含まれる。これらの村々の増助郷も代銭納となるが、その際、出願人たちが差配を行い、村高一〇〇石につき金六両二分を代銭納させ、この金で宿場近在から人足や馬を安く雇い入れ、代銭納分と人馬雇賃との差額で儲けよう、というのが出願人たちの思惑であった。出願人たち、その実態は助郷ブローカーであった。彼らは、一般百姓の困窮もかまわず、私欲をあらわにして活動し始めたのである。

宝暦一四年、助郷ブローカーたちの嘆願はついに勘定奉行兼道中奉行安藤弾正少弼惟要に取り上げられ、老中首座松平右近将監武元によって正式に承認されることとなった。百姓一揆・都市打ちこわしを政治史の中に位置づけ、明和期に時代の画期性を見出した山田忠雄さんは、松平武元が出願人＝助郷ブローカーたちから賄賂《わいろ》を受け取っていたことを明らかにした（山田忠雄「宝暦—明和期の百姓一揆」『日本経済史大系』近世下、東京大学出版会、一九六五年）。増助郷問題には、老中の私欲もからんでいたのである。

伝馬騒動沈静化ののち、二〇万人という前代未聞の百姓一揆が起こったことを問題視した幕府は、責任者の処罰を行った。安藤惟要は道中奉行を休役とされた。ところが、賄賂を受け取り、増助郷決定の最終判断を行った最高責任者松平武元には、何ら処罰は下されなかった。その後、武元は安永八年（一七七九）に死ぬまで老中首座の地位に座り続けるのである。

一方、増助郷実施の事前調査で村々に出向いた代官手代《てだい》たちの多くが免職のうえ、遠《えん》島《とう》・押込《おしこめ》などの処罰を受けた。この重い処罰の理由は、彼らが賄賂を受け取ったということにあった。この賄賂は、増助郷を回避するために村々が集めたものであった。百姓たちは増助郷廻避の訴願を行ったが、その際に賄賂が必要となっていたのである。言葉をかえよう。百姓が合法的な訴願を行っても、賄賂が付随しなければ代官たちは動かないのである。伝馬騒動の背景には私慾が連鎖していた。

大規模かつ著名な百姓一揆・打ちこわしに関しては、それを記録した一連の史料が存在している。それらの史料は、登場人物・固有名詞・日時などに関して誤記が多い。このため、歴史史料としての価値は低いと見なされてきた。しかし、わたしはこれらの史料には、当時の社会文化・風潮・風俗が反映されていると考えている（須田努「人斬りの村から」『GYRATIV@』四、二〇〇七年）。伝馬騒動にも、その背景・経過・結果を詳細に記録した「中山道伝馬騒動実録」という史料が残されている。これは原馬室村（現　鴻巣《こうのす》市、伝馬騒動の地域）の名主《なぬし》藤井総治郎が記録したものである。総治郎は、村々が代官手代に差し出した賄賂に触れ、これを「贔屓《ひいき》之沙汰」と憤慨している。代官が裕福な村から賄賂を受け取り増助郷を免除させる一方、賄賂を出せない貧しい村には増助郷を命じているのは不公平だ、というのである。ここには、当時の賄賂に対する人びとのまなざしの一端が現れている。現代のわれわれと同じように、当時の人びとも賄賂によりものごとを決することは不平等・不公平な「贔屓之沙汰」であると認識していたのである。

助郷ブローカー＝増助郷出願人の中心人物であった高橋甚左衛門に関しては興味深い事実が残されている。伝馬騒動が打ちこわしへと変容した明和二年（一七六五）正月四日早朝、打ちこわし勢二万人は足立郡川田谷（現　桶川市）の高橋甚左衛門家を襲撃した。何と甚左衛門はこの事態を予想して、事前に近郷から浪人・「あぶれもの」・剣術師範らを金銭で雇い入れ、彼らに武装させ、自宅を防衛させていたのである。蓑《みの》・鳶口《とびぐち》・小鎌という得《え》物《もの》・いでたちの打ちこわし勢に対して、甚左衛門が雇った「あぶれもの」たちは、抜刀《ばっとう》して襲いかかっていった。「東武百姓一件集書」には、即死三七人と記されている。武器を持たない打ちこわし勢は槍・日本刀で武装した「あぶれものたち」によって、一方的に虐殺されたのである。

一八世紀の百姓一揆・打ちこわしにおいて、打ちこわされる側が防衛のために集団で武装し、なおかつ武器を用いた暴力によって打ちこわし勢を殺害した、という事例は、全国的規模で史料を探しても見つからない。甚左衛門家のような事態は他には存在しないのである。

図１　荒川河原から川田谷の台地を望む（森の奥に甚左衛門家があった）

高橋甚左衛門家打ちこわしの状況、その暴力のあり方は、一八世紀の百姓一揆と打ちこわしの慣例から見ても明らかに異常なのである。事実、代官渡辺半十郎の手代小沢高蔵らは伝馬騒動沈静化ののち、現地調査を行い、甚左衛門および関係者を吟味している。代官らは、甚左衛門の行為を過剰防衛と見なしたのであろう。

蘭学者で『解体新書』を著した杉《すぎ》田《た》玄《げん》白《ぱく》は「世事」にも敏感な「社会派文化人」であったが（大石新三郎『田沼意次の時代』岩波書店、一九九一年）、彼の随筆『後《あと》見《み》草《ぐさ》』には、以下のように甚左衛門家の一件が記されてた。

狐塚甚左衛門なんといへる者の居宅

にて互に打合、疵を蒙り即坐に命を失ひし者百人に余れりと也

甚左衛門家の一件は、やはり異様な事態であった。風聞は江戸まで伝わり、世情に敏感な杉田玄白が、随筆に記録していたのであるから。

ところが、幕府は甚左衛門に何ら処罰を下さなかった。伝馬騒動という広域な百姓一揆を引き起こす原因を作った甚左衛門は、吟味数日後、家業を再開している。また、他の出願人町屋村半蔵らも、幕府の吟味を受けているものの、何ら処罰を受けていないのである。全国の打ちこわしの事例を確認すると、打ちこわされた側（豪農・商・米穀商・質屋など）が、その強引・悪徳な経済活動を咎められ、幕藩領主から処罰を受けることや、家業を廃業し地元から立ち去っていく例は多々ある。しかし、伝馬騒動の場合、出願人らが処罰された事実は見あたらない。どうもすっきりしない結末である。幕府は、増助郷をめぐり、老中松平武元ら幕閣と甚左衛門との癒着・贈収賄問題が公になり、世間に流布されることを恐れたのではなかろうか。

伝馬騒動の背景を増助郷・出願人・賄賂というキーワードで切ってみた。すると重層的な私慾の構造が見えてきた。高橋甚左衛門ら富裕な百姓・助郷ブローカーと老中松平武元との癒着、武蔵国の裕福な村落と代官手代との「贔屓之沙汰」という構造である。そして

何より注目すべきは、高橋甚左右衛門・老中松平武元のラインは何ら処罰を受けていない、という事実である。この私慾のラインによって、関東地域に発生した前代未聞の大規模広域な百姓一揆、伝馬騒動が発生し、頭取は処刑され、多くの人びとが処罰されたのにもかかわらずである。巨大な私慾は生き残ったのである。

上州絹一揆―幕府権威の低下

　上州地域の百姓一揆・地域史研究をリードし続けた故中島明さんは上州地域を四つに区分し、沼田地域を中心とした繭生産地域、前橋・伊勢崎・大胡《おおご》・大間々《おおまま》などの生糸《きいと》生産地域、桐生《きりゅう》を中心とした生糸製糸・絹織物生産地域、高崎・富岡・藤岡などの絹織物生産地域、といった社会的分業が天明の頃（一八世紀後半）に成立していたと論じた（中島明「天明絹騒動とその周辺（一）」『群馬文化』一二九、一九七二年）。

　高崎・富岡・藤岡など西上州の絹織物生産地域では、一八世紀に入ると越後屋などの江戸呉服店が、絹織物（上州絹）を直接買い付けるために出店するようになった。同時に、西上州の地元商人が、上州絹生産百姓と江戸呉服店との間に入り、品質管理などを行う仲買商として活動し始めた。彼らは絹宿と呼ばれた。

　上州絹の取引は、高崎・富岡・藤岡などで定期的に開催される絹市で行われたが、一八世紀半ば以降、市日をめぐる紛争などが起こっていた。そして、より深刻な経済対立が発生するのである。

百姓→絹宿→江戸呉服問屋という絹織物流通ラインに、百姓出身の新興商人たちが目をつけ、崩しにかかった。彼らは、百姓が生産した絹織物を一手に買い付け、みずからが主導権を掌握する形で、江戸呉服店に卸すというプランを立てた。この新たな流通ラインが形成されれば、新興商人が絹織物流通に関連する富を独占できる。彼らは、運上金《うんじょうきん》をはらうことを条件として、このプランを幕府に公認してもらおうと訴願を行った。願人は上州甘楽《かんら》郡金井村高山半兵衛・緑埜郡新町宿本陣半井五左衛門・緑埜郡新町宿問屋名主岩淵源左衛門ら三名であった。運上金が欲しいという幕府の財政的思惑もあり、このプランは実行に移され、新興商人が統括する絹糸改会所設置（以下、改会所）が設置されることとなった。

天明元年（一七八一）六月二七日、幕府は上州絹取引円滑化のためという名分を掲げ、上州・武州の絹市を解散し、新たに絹取引の組織として改会所を設置し、百姓→絹宿→江戸呉服店という旧来の流通ラインを廃止して、百姓の生産した絹織物を改会所で一括して検査＝品質管理すると下達《かたつ》した。

新興商人は、改会所で絹取引を行う際の検査費用（改料）を江戸呉服店から徴収することとした。幕府への運上金にはこの改料収入の一部が当てられることになる。この改料は莫大なもので、上州全体で年間一二〇〇両余の出費に達すると言われた（中島明、前掲、一九七二年）。

改料を負担させられることとなる江戸呉服店は反発した。彼らの中心的存在であった三井越後屋は、改料を差し出すとその分を絹織物値段に転嫁せざるを得ず、その結果、絹織物値段が上昇して商売が衰微してしまう、という内容の願書を北町奉行所に提出した。

一方、絹生産地域である西上州の百姓たちは、改料は百姓たちに転嫁され、せっかく作り上げた絹織物は江戸呉服問屋に買いたたかれるのではないか、という危惧を抱いた。百姓たちは黙っていなかった。彼らの闘い＝百姓一揆が始まる。

八月九日夜、二万人の百姓たちが結集し、改会所設置に協力していた甘楽郡小幡村新井吉十郎宅を打ちこわした。上州絹一揆が始まった。一揆勢は頭取《とうどり》の指揮に従い、七日市・富岡町の名主や改会所設立賛同者らを打ちこわしていった。上州絹一揆は広域化していく。

八月一二日夜、一揆勢は願人の一人である金井村高山半兵衛を打ちこわし、藤岡町に入り、町役人や改会所設立賛同者らを打ちこわした。ここから一揆勢は北の高崎に向かった。

老中松平輝高の居城である高崎城をターゲットにしたのである。松平輝高は、老中首座・勝手掛老中として改会所設立を決定した人物であった。一揆勢はこの政治情報を入手していたのである。

一揆勢は、高崎城を包囲して計画を撤回させる強訴を企図し、烏川をはさんだ対岸の清水山（現　観音山）に集結した。数万に増加した一揆勢の鬨《とき》の声と足踏みは、眼下の高崎城まで地鳴りとして響いたという。一揆勢と高崎藩との改会所設立撤回のための交渉は決裂、一揆勢は高崎城下に押し入り、高崎城の堀まで迫ったのであった。城への一揆勢侵入を防ぐため、必死となった高崎藩は鉄砲を発射した。空砲であったが、おどろいた一揆勢は、ちりぢりに城下から後退していった。

高崎城下から撤退した一揆勢は北上し、改会所設立賛同者である群馬郡国分村（現　高崎市）の勝蔵家などを打ちこわした。川越藩前橋郡役所は鎮圧部隊を組織して一揆勢を鎮圧していった。

上州絹一揆は西上州一帯に広がった。「天明絹運上騒動記」には、藤岡・吉井・富岡・高崎など西上州を中心にして六七件もの有力商人が打ちこわされていたことが記されている。大規模な一揆が起こり、老中首座松平輝高の居城が一揆勢に包囲されたという事態を

図２　観音山から見る高崎の町

重大視した幕府は、八月一六日、改会所設立撤回の触書《ふれがき》を出した。一九日には藤岡町で、二〇日には高崎で、それぞれ絹市が再開している。

この計画の責任者であり、居城を一揆勢に包囲された老中首座松平輝高は、幕府が改会所設立撤回の触書を出した直後に心労のためか急死してしまう。江戸の町では、百姓一揆が老中を死に至らしめた、という噂が広まったという。

この上州絹一揆の重要性は、百姓たちが自分たちの既得権益を脅かす政策を決定したのが松平輝高であることを認識し、彼の居城とその城下を襲撃した点にある。一八世紀後半、百姓たちの政治意識・情報集積能力は急速に高まっていた。先に紹介した杉田玄白『後見草』には、上州絹一揆につき以下のように記されている。

惣て近年の習ひにて、上に訴訟ある時は土民必党を結ひ、狼藉《ろうぜき》を振廻ゆへ、領主・地頭の勢は何となく衰へて、下に権の落るに似たり。実に季世の有様と歎息なしぬる人もあり

杉田玄白は、伝馬騒動、上州絹一揆など、打ちこわしをともなう広域な百姓一揆の発生から、幕藩領主の権力が衰え「下に権の落る」末世のようである、という危惧を抱いたのである。同時代人がこのような危機感を持つに至ったことは重要である。

一八世紀後半、民衆と幕藩領主との関係は確実に変容してきた。このような情勢下、上州絹一揆の鎮圧に辣腕をふるい、松平輝高亡きあと、老中首座として最高権力を掌握したのが、あの田沼意次《たぬまおきつぐ》であった（山田忠雄「天明期幕政の新段階」山田忠雄・松本四郎編『講座日本近世史』宝暦・天明期、有斐閣、一九八八年）。

経済格差の広がり

田沼政治の始まり

一八世紀に入ると、貨幣経済の進展に加え、米価安・諸色高の傾向から幕藩領主の財政は悪化していった。八代将軍徳川吉宗《よしむね》による享《きょう》保《ほう》の改革《かいかく》は、幕府財政回復の側面では一定の成果を上げたと評価されるが、年貢《ねんぐ》増徴策をその基盤としていたため、従来、比較的発生件数が少なかった幕領で百姓一揆が増加する結果となった。一八世紀前半には農業依存＝年貢増徴による財政回復策は限界を迎えてしまったのである。その後、老中田沼意次《たぬまおきつぐ》が、年貢を限界まで取り立てつつ、さらなる財源を商業活動に求め、広範な株仲間の設置を図ったことは有名である。

近年、藤田覚さんが田沼意次と田沼時代をあつかった研究成果を刊行した（藤田覚『田沼意次』ミネルヴァ書房、二〇〇七年)。藤田さんは田沼時代を「山師《やまし》の時代」というキーワードで捉えている。藤田さんは山師を、幕府の収入を一銭でも増やすことを競いあい出世をとげた連中、と規定する。彼らの多くは、勘定奉行系列の下級役人であったが、興利を狙った企画が、たとえ杜撰《ずさん》でも採用されれば彼らは出世していったというのである。彼らの行動をささえていた正当性が「御益」のためという論理である。拙速でも杜撰でも幕府の利益になればよいのである。

山師=下級役人が、「御益」を求めて商人と結託していく。幕府は株仲間の設置を認め、流通・売買の独占を許可する代わりに、運上《うんじょう》・冥加《みょうが》という間接税の納入を義務化した。商人が儲かれば、運上・冥加の額も上昇する。商人が儲けることは幕府にも好都合なのである。少々あくどいこと、作法の無視、ルール違反には目をつぶり、儲けを重視する風習は、幕府から始まり、社会全体に広がっていった。

田沼意次の重商主義政策は、関東農村地帯に商品作物栽培と流通の活性化を促した。江戸と周辺の特産物生産地域が街道・河川によって結ばれた流通網を江戸地廻り経済圏と呼称するが、田沼政治の中で、このベースが形成されていった。しかし、地域社会に経済格差が形成されていったことも事実であった。河川・街道によって江戸と結びついた地点=

河岸《かし》・宿場周辺の農村では特産物生産が進んだ。とくに、利根川水系地域＝上州《じょうしゅう》・下総《しもうさ》地域の経済成長は著しいものがあった。そして、物流の結束点となった宿場・河岸には富が集中した。しかし、一方、江戸地廻り経済圏から外れた地域では農村荒廃が深刻化していった。幕府の財政政策、重商主義＝「御益」の追求が、民間社会における経済格差を助長していったのである。

田沼政治の終焉

天明元年（一七八一）、上州絹一揆のショックで松平輝高が死去したのち、田沼意次は幕府権力を全面的に掌握し、人事も田沼派で独占した。天明三年には、嫡子田沼意知《おきとも》が若年寄《わかどしより》に昇進した。父親が老中、子が若年寄になった。現役の親子に幕府権力が集中するという前代未聞の政治状況となったのである。

田沼意次の父田沼意行は紀州《きしゅう》藩士であったが、徳川吉宗が将軍職就任するにあたって江戸に出、六〇〇石の旗本《はたもと》身分となったのであり、田沼家は幕閣の中では、いわば新参者であった。江戸で生まれた意次は、将軍吉宗の嫡子家重の小姓となり召し出され、御用取次見習知行《ちぎょう》二〇〇〇石の上級旗本へと出世し、宝暦八年（一七五八）、郡上《ぐじょう》一揆の吟味を差配して、政治的手腕を発揮、これが認められ一万石の大名となった。意次は将軍が徳川家治に交代したのちも御用取次を命じられ、側用人となり、老中にまで登り詰めるという経歴を有していた。新参者であることを重々自覚していた意次は、自己の派閥と閨閥《けいばつ》の形成に力をそそいでいった（藤田覚、前掲、二〇〇七年）。

新参者の田沼意次の政治権力は、政治的手腕もさることながら、将軍との密接な関係と、派閥・人脈・閨閥の上に成り立つ、実はあやういものであった。藤田覚さんは、新参者で拙速に大名家まで成り上がった田沼家には、意次が幕政で多忙であったため、本来備えておくべき大名家としての家法が存在せず、家の拡大にあわせて急増させた家臣たちには、武士としての規範や、規律を身につけていない者が多くいたことを紹介している（藤田覚、前掲、二〇〇七年）。

このような武士の規範を身につけない家臣を抱えた新参者・成り上がりの権力者が、幕府初期から幕府を支えてきた譜代《ふだい》大名たちから非難されないはずはない。もちろん、権力の絶頂期にある意次・意知親子をまっこうから批判することはできない。財政難をかかえる譜代大名の中で、商業資本との癒着を持った田沼派だけは羽振りがいい。譜代大名たちの反感・怨嗟《えんさ》は潜在的ながらも、大きかったと考えられよう。

田沼政治の傾きは早かった。天明四年（一七八四）、田沼意知が、江戸城中で旗本佐野善左衛門政言に斬られ絶命するという大事件が勃発する。この刃傷《にんじょう》事件に関しては、政言の私怨説・公憤説・乱心説があるが、これには触れない。わたしは、佐野政言が番方という警備・軍事部門の役職であったことに注意を向けたい。財政難が続く享保期以降、幕府の役職では、番方に比べ財政を担当する役方が重視される風潮が続いていた。まして、田沼時代には先述したように、勘定奉行に係属する役職者の羽振りは相当よかったと言える。商人との癒着により贅をほこる田沼家、さらには父親の七光りによって、若年寄となった田沼意知への番方佐野政言の鬱屈した思い、遺恨は深かったのではなかろうか。

意知殺害事件は、江戸市中に広く知られることとなる。切腹となった佐野政言が葬られた徳本寺には江戸庶民が墓参し、政言は世直し大明神と崇められる一方、田沼意知の葬列には石が投げつけられたというエピソードは有名である。黄表紙《きびょうし》・洒落本《しゃれほん》の作者であり「通《つう》」という文化を作り上げた山東京伝《さんとうきょうでん》は、この事件にヒントを得た『時代世話二挺鼓』という黄表紙で田沼政治を批判していた。山東京伝は、リアルタイムで政治を批評するタイプの作家ではない。『時代世話二挺鼓』は田沼意次が完全に失脚、田沼家も一万石に没落し、意次が死んだ後の作品であることも附言しておきたい。それはともかく、商人との癒着、経済格差の拡大、物価上昇と天明《てんめい》の飢饉《ききん》を背景としての米価高騰に何ら解決策を取らない田沼親子への江戸庶民の怨嗟は高まっていたことは事実である（後述）。

　意知殺害事件当時、父意次は六四歳であった。当時としては老齢である。嗣子の死は、田沼政治・田沼家の大きな躓《つまず》きとなった。さらに追い打ちをかけたのは、将軍家治の死であった。天明六年、意次は老中を辞職、天明七年までの間に所領を四万石以上没収され隠居の処罰を受けている。将軍との結びつきによって確立された新参者の権力は、意知という嗣子の死によって継承され得なかったのである。閨閥と派閥によって形成された権力は一気に崩れていく。意次が盟友と信じていた水野忠友・松平康福ら田沼派の老中たちは、意次に絶縁状をつきつけ、意次との関係を清算しつつ、政権の存続を図っていった（藤田覚、前掲、二〇〇七年）。

幕府不信の萌芽

天明七年江戸打ちこわし

江戸城で絵に描いたような醜悪な政治劇が進んでいるその時、天明の江戸打ちこわしが発生した。天明三年（一七八三）から始まった天明《てんめい》の飢《き》饉《きん》の影響により、江戸では米価の上昇が続いていた。天明七年五月九日、町奉行所は江戸市中の米穀商人に米価を引き下げるよう命じた。しかし、具体性のまったくない町触《まちぶれ》では、米価が下がるはずもなかった。長屋住まいの貧民たちは、家主を突き上げ、家主は町年寄に掛け合って、北町奉行曲淵甲斐守《かいのかみ》景漸に救済願を提出させた。ところが、江戸の民政・刑事・司法を総攬する立場の曲淵は「その昔、飢饉の時には犬を喰ったというではないか、今、犬一匹は七文で買えるから犬でも喰え」と放言したという。驚くべき発言である。民意をまったく理解できず、緊張感のかけらもない町奉行の応対に江戸の貧民たちは激怒していった。

社会不安が広がり、民情が不安定になると、さまざまな風聞が飛び交うようになる。田沼意次が大量の米を隠し持っている、というウワサまでが江戸市中に広まっていった。

江戸時代の民衆運動、とくに都市打ちこわしを研究している岩田浩太郎さんは、天明江戸打ちこわしのときの風聞に着目して、風聞こそが、飢饉であるにも売り惜しみをする米穀商ら「身上宜者」が〈悪しき意図〉を有しているとの観念を一般化させていった、と語った（岩田浩太郎『近世都市騒擾の研究』吉川弘文館、二〇〇四年）。

五月二〇日、赤坂の米屋襲撃を皮切りに、ついに大規模な打ちこわしが始まった。二五日までの五日間で、江戸全体で一〇〇〇軒の米穀商・質屋などが打ちこわされた。飢饉のさなか、米価高騰で利益を上げていた米穀商が真っ先に集団制裁＝打ちこわしにあった。質屋は、米価暴騰で金策に走る貧民層に対して、利息を下げず暴利を得たとされて攻撃されたのである。

打ちこわしに参加した貧民たちは、盗みをしない、放火をしない、武器を使わない（人身への暴力はふるわない）というルール＝作法を創り出していた。江戸打ちこわしの前年である天明六年七月、大洪水が江戸を襲ったが、このときに江戸の罹災民《りさい》を救済した米屋は打ちこわしを免れていた。打ちこわしとは、無秩序な暴力ではない。それは民衆の理にあわぬ、私慾の者に対する社会的制裁であった。

岩田さんは、南伝馬町《みなみでんま》二丁目米穀商、萬屋作兵衛家打ちこわしを分析し、そこには高度な規律性が貫徹していたと論じた（岩田浩太郎、前掲、二〇〇四年）。萬屋はとかく田沼意次との結びつき、癒着を喧伝《けんでん》されていた人物で、先に触れた田沼意次の隠し米風聞問題でも疑惑を持たれていた。

わたしは風聞の真偽よりも、江戸の人びとの間に田沼意次の関係者には徹底的に制裁を加えるべきである、というコンセンサスが生まれ、騒動勢はこれに基づいて、規律を保ち、沈着に行動していた事実に注目したい。このような江戸貧民たちの集団心性を重視すべきであろう。

五月二七日、幕府の鎮圧がようやく軌道にのり、江戸打ちこわしは沈静化した。町奉行たちの不手際は、江戸の人びとの嘲笑の的にされたという。捕縛者を記した史料から、打ちこわしの中心勢力が、二〇代の日雇や職人らであり、無宿《むしゅく》の参加もあったことがわかっている。

田沼政治の帰結は、天明の江戸打ちこわしであった。私欲の公認とでも言うべき儲け優先主義は、江戸において経済格差を広げた。困窮化した人びとは、打ちこわしという行動によって幕府への不信を表明していったのである。

天明江戸打ちこわしの直後、松平定信《まつだいらさだのぶ》政権が誕生する。定信は、田沼派を一掃し、彼が「信友」と語った松平信明ら老中たちによって政権を固め、寛政《かんせい》の改革《かいかく》を進めていった。

地方・農村部で広がる経済格差

竹内誠さんは、天明の江戸打ちこわしの持つ意味を重視し、江戸対策が寛政の改革の特色であると論じた（竹内誠「寛政改革」『岩波講座日本歴史』近世四、岩波書店、一九七五年）。松平定信は老中首座に就任する前までは、一般にも幕府内部でもほとんど無名の存在であったと語る安藤優一郎さんは、「過剰な期待を担って政権の座に就いた定信にとり、米価の安定とは政権基盤を左右する至上課題となった」と論じた（安藤優一郎『寛政改革の都市政策』校倉書房、二〇〇〇年）。米価の安定とはもちろん消費地江戸でのことである。定信の政治意識は江戸に集中されていた。

わたしは、あえて定信の農村対策に目を向けてみたいと思う。この時期、幕府は村々に対して公金貸付という金融政策を展開していた。この公金貸付は、幕府総収入のうち一五

%にものぼることがわかっている（古島敏雄「商品流通の発展と領主経済」『岩波講座日本歴史』近世四、一九六二年）。

寛政期、年貢《ねんぐ》増徴の限界と、株仲間設置の弊害に苦しむ幕府は、何と金貸しによって財政を補塡していたのである。竹内誠さんは、この公金貸付制度を次の①②のように分析した。①公金貸付は、寛政から文化・文政期にかけて東北・関東を中心に、全国幕領で本格化した。②公金は、本百姓経営維持の名目で代官によって年利一〇%で、回収可能な富裕農民に貸し付けていた。

富裕な百姓に貸し付けられた公金が、その後どのように運用されていったのか。関連する史料が存在しないため、具体像はわからない。そこで、少々周り道をしてみよう。寛政の改革において、旗本《はたもと》・御家人救済のために札差《ふださし》に対して棄捐令《きえんれい》という、借金を破棄させる法令が出されていたことは有名であるが、この棄捐令によって、札差から旗本・御家人への貸し付け金の金利が公的に定められたことはあまり認識されていない。棄捐令によって、寛政元年（一七八九）以降、札差の金利は年利一二%とされたのである。年利一二%とは、困窮する旗本・御家人でもなんとか返済できる利率なのである。これと比較すると、富裕百姓に貸し付けた公金貸付の年利一〇%とは決して高利とは言えないであろう——何もわたしは、公金貸付が幕府の農村恩情策であったと言うのではない――。これを参考にして、年利一〇％の公金を借りる富裕百姓の側から考えてみよう。富裕百姓は幕府から、十分返済可能な年利一〇％で公金を借り受け、これを金融の元手として、これよりの高利一二％ほどで、周辺農民に又貸ししていたのではないか、ということは十分推測できるのである。農村部における富裕百姓は、地主・質屋（金融業）・在郷商人を兼業しているのであるから、この公金が、地主地拡大、金融業の元手として使用されたであろうことは想像に難くない。

年貢は限界まで取り立てられ、さらに助郷《すけごう》役などの諸役があり、また病・天災も降りかかる。多くの小百姓が、経営難におち入る、という局面は無数に存在したであろう。幕府から公金を一〇％の低利で借り受けた富裕百姓が、この没落しかけた小百姓に年利一二％で又貸しする。小百姓は借金を返せず、金主の富裕百姓に土地を質入れし、小作人に没落する。富裕百姓は公金貸付という、金融再生産装置を確保し、土地集積を順調に進め、自己の地主経営を安定させていった。わたしには、このようなストーリーが見えてくるのである――あくまでも推論であり、史料が存在しないため、これ以上の記述は歴史家の仕事を超えてしまう――。

いずれにしても、貸し付け金の動きを明らかにする史料が存在していないことは重要である。この事実は、貸し付け金がどのように使用されているかに関して、幕領代官が確認をしていない、関心を持っていない、ということを示しているのである。いや、幕府そのものが、貸し付け金の動きに興味をいだいていないのではなかろうか。幕府は利息金を回収し、財政補塡できれば、富裕百姓の手に渡った公金が金融業に転用されようと、土地集積に向けられようと、問題にしていないのである。

幕府が財政補塡のため始めた公金貸付の結果、農村部で経済格差が拡大していったということは十分考えられる。富裕な百姓は幕府からの貸し付け金を受け、地主経営を安定させ、金融業・在郷商人として利潤を拡大する。その対極には、土地を質流れのかたちで手放し、小作人に転落する小農、高利の貸し付けに苦しむ小農が増加していったのである。

関東では、この公金貸付によって江戸地廻り経済圏に包摂される地域の富裕百姓の地主・在郷商人経営は安定し、江戸への特産物流通は軌道にのり、流通経路にあたる在郷町・宿場町・河岸の経済繁栄が始まったと評価できるかもしれない。しかし一方、特産物を生産できず、主要街道・河川からはずれた地域の農村荒廃は進み、特産物生産地域とされた村内部での富裕百姓と小百姓との経済格差は広がっていったのである。

江戸政策が重視された寛政の改革では、七分積金《しちぶつみきん》の制や人足寄場《にんそくよせば》の設置などによって、江戸の貧民救済、格差是正が図られていた。

江戸地廻り経済圏とは江戸の消費への対応、物資の安定供給にあった。幕府の基盤である江戸、天明の打ちこわしが発生した江戸、その後の江戸を安定させるために、地方は犠牲になっていく。定信の頭には、幕府財政難と江戸対策しか存在していなかったかのようである。

近世政治史研究が進展しつつも、ヒール田沼・ヒーロー定信という伝統的・通俗的イメージはいまだに根強い。しかし、こうして見てくると、松平定信の江戸対策以外の政策基調は、田沼政権とさほど変わらないことが了解できるのではなかろうか。幕府にとって、財政難→年貢増徴→百姓一揆の多発、という連鎖は止めようもなく、なりふり構わぬ財政政策の結果に生じる経済格差・地域間格差はとめどもなく拡大していったのであった。

全国に広がる私慾と経済格差

寛政五年武左衛門一揆　寛政五年（一七九三）二月、江戸から遠く離れた四国、宇和島《うわじま》藩の支藩吉田藩で大規模な百姓一揆・打ちこわしが発生した。頭取《とうどり》の上大野村武左衛門にちなんで、武左衛門一揆と呼ばれている（景浦勉『伊予農民騒動史話』愛媛文化双書刊行会、一九七二年）。

江戸時代、四国の山間地域では、楮《こうぞ》の栽培、和紙の生産が盛んであり、特産物として大量に大坂に出荷されていった。明暦三年（一六五七）、宇和島藩から分家して生まれた吉田藩は三万石程度の小藩であった。吉田藩の年貢・課役は宇和島本藩より重く設定されていたが、一八世紀以降財政難が恒常化していった。吉田藩は特産物の和紙を藩専売とすることによる財政難克服をめざした。藩専売といっても、藩士に商売の才覚や販路のコネが有るわけもなく、結局は、藩内部の有力豪商に紙売買を独占的に掌握させ、冥加《みょうが》・運上《うんじょう》を取り立てる、という策となった。

藩は紙方役所《かみかたやくしょ》を設置し、百姓たちの和紙自由売買を禁止する一方、藩成立当初から御用商人として藩の財政にまで関与してきた法華津屋に紙方役所を統括させた。これは紙方仕法と呼ばれた。

金融業も営む法華津屋は和紙生産百姓に対し、楮栽培のためとして資金を貸し付け、この債権を盾に百姓たちが生産した和紙を買いたたいていった。また、吉田藩が百姓たちの自由な和紙売買を厳禁したため、紙方役所にしか和紙を売ることができなかった百姓たちも、法華津屋に買いたたかれることは必然であった。和紙を生産する百姓の利益を藩と癒着した御用商人法華津屋が吸い上げていく、という私慾の固塊が紙方仕法の実態であった。江戸から遠く離れた外様《とざま》大名の吉田藩が、財政難打開のために取った紙方仕法は、天明年間に幕府が企画した絹糸改会所の設置の方策ととてもよく似ていると言えよう。

吉田藩領の百姓たちも、黙ってはいなかった。寛政五年一月、和紙生産百姓らは専売制を廃止してもらいたい旨などをしたためた一七か条の願書を藩に提出した。しかし、藩からの回答は、とうてい百姓たちの納得できるものではなかった。

二月九日、楮・和紙生産の中心地である山間の高野子村（現 西予市）から一揆は始まり、一一日には宮野下村に五〇〇〇人が屯集した。一揆勢が、参加しない村は焼き払うといった参加強制を行いながら参加人員を増大させていったため、一揆は吉田藩全域に拡大した。郡《こおり》奉《ぶ》行《ぎょう》横田茂右衛門は出目村へ出向き、訴願を聞き届けるとの姿勢を見せたが、百姓たちは「うそつき代官」などの悪口雑言を浴びせ、横田ら奉行を追い返した。一揆勢・百姓たちは、領主をまったく信用していないのである。

吉田藩を見限った一揆勢は本藩である宇和島藩へ強訴《ごうそ》を行うことを決定した。一万人近くに増加した一揆勢は、八幡川原に小屋掛けし、長期戦の構えを見せていた。吉田藩家老安藤儀太夫継明が八幡川原に赴き一揆勢と交渉しようとしたが、一揆勢に拒否されてしまう。通常、激昂する一揆勢の説諭には、民政・農政を直接担当する代官手附・手代があたる。代官や奉行レベルが出張ることはあまりない。まして、藩政の責任者である家老が直接一揆勢の屯集する場に出向いていくことはまずない。しかも、その家老が一揆勢によって一蹴されてしまったのである。他の百姓一揆で見られない特異な事例である。家老としての面目を潰された安藤は、一揆勢の目前で切腹を遂げる。これも異常な事態である。

一五日、仲介に乗り出した宇和島藩に対して、一揆勢は紙方役所廃止、和紙の専売停止などの内容一一か条からなる訴状を提出した。本藩宇和島藩の仲介により、ついに吉田藩は一揆勢の要求を全面的に受け入れることとなった。ところが一揆沈静後、吉田藩は首謀者を探索しないとの約束を反古《ほご》にし、二月以降中心人物ら二〇〇人以上を捕縛していったのである。

この中に武左衛門がいたと伝えられるが、彼や他の捕縛者に関連する史料は存在していない。

四国でも、藩と御用商人との癒着が私欲を起点として動き出そうとしていた。しかし、百姓たちは強訴＝百姓一揆によってこれを阻止して、犠牲者を出すも、自分たちの生業を守ったのである。

文化・文政期への展望

財政難は幕府だけではなく、一八世紀以降、全国の幕藩領主すべての重大な問題となっていた。そして、幕藩領主の財政難を発端として、宝暦・天明期から露骨になった幕藩領主と特権商人との私欲の連鎖と、これに対抗する百姓一揆という構図は、寛政期には全国レベルの展開となった。さらに、この時期には、経済格差・地域格差も拡大していった。

武陽隠士《ぶよういんじ》が文化・文政の頃（一九世紀初期）の社会風俗を書き留めた『世事見聞録』には、関東地域の農村の様子が以下のように描かれている。

江戸近辺の農村で、絹縮緬《きぬちりめん》・紅花《べにばな》などの特産物生産が可能な地域には現金収入が多く入り、この地域の百姓はまるで「商人の心持」で他所まで出向き利益を追い求めているが、一方、特に特産物を持たない常陸《ひたち》・下野《しもつけ》などの地域では、荒地や潰家ができ、間引の風俗ともあいまって、農村荒廃が進んでいる。

ここにある、絹縮緬は上州で、紅花は武州北部で生産されていた。ともに中山道沿線である。文化・文政期、江戸地廻り経済圏は安定し、江戸への物資流入が増加する一方、関東地域における経済格差・地域格差は広がっていったのである。

問題は、江戸地廻り経済圏とリンクできず、さしたる特産物を生産できなかった地域の人口が減少して荒廃した、という事実だけではなかった。

実は、江戸地廻り経済圏に包摂され、経済繁栄が始まった地域でも、大きな社会変容が始まっていた。このような地域においても、ミクロな視点で見ると富は偏在しているのである。先述したように、富裕農民が地主・質屋・金融業を安定させ、在郷商人として江戸地廻り経済圏の担い手として活動するその陰には、多くの没落していった小百姓たちが存在していた。土地を手放し没落した小百姓、とくに若者たちは、農業と親を捨て、江戸地廻り経済圏の結束点であり現金が集中する宿場・河岸《かし》などに流入していったのである。

「御益」という幕藩領主の得手勝手な仕法=政策は、私欲と経済格差の連鎖を醸成し、若者たちに、生業の面で夢を見出し得ない社会を生み出していったのであった。

「悪党」の登場と暴力化する一揆

百姓一揆の作法

天保という時代

「予兆」では、天明期から文化・文政期の社会情勢を確認した。幕藩領主の財政難を背景として、民間社会に私欲が広がり、経済格差・地域間格差も拡大したことを論じた。次の対象は天保期となる。研究成果によって、天保期は社会変容の画期として位置づけられている。天保《てんぽう》の改革《かいかく》の失敗、西洋列強の接近、天保《てんぽう》の飢饉《ききん》、博徒《ばくと》集団の跳梁跋扈《ちょうりょうばっこ》、そして百姓一揆の変質など、徳川斉昭《なりあき》が唱えたように、天保期から「内憂外患」の時代となったのである。これらの社会変容の問題群のうち、ここでは、百姓一揆の変質に関して論じていきたい。

百姓一揆のイメージ

百姓一揆という単語から、どのようなイメージが浮かぶであろうか。保坂智さんによれば、一九七〇年代までの世間一般の百姓一揆イメージは〝筵旗《むしろばた》に竹槍〟で、これは白戸三平《しらとさんぺい》の傑作劇画『カムイ伝』の影響が強いとのことである（保坂智『百姓一揆とその作法』吉川弘文館、二〇〇二年）。はたして、二一世紀の今ではどうか。

わたしは、明治大学情報コミュニケーション学部という学際性を打ち出した学部において、社会文化史という講義を担当している。その講義の中で、学生に百姓一揆というものにどのようなイメージを持っているか、という質問をしてみた。レポートの反応をまとめると以下のようなものが多かった。

年貢《ねんぐ》が重いことに対して、農民たちが集団で蜂起し、抑圧する侍たちを攻撃する。場合によっては侍たちを追いつめることもあった。

右の意見は、明らかに中世の土一揆《つちいっき》と、近世の百姓一揆とを混同したものである。文学部史学科日本史学専攻ではなく、また、入試科目に日本史以外を選択した学生も多いため、情報コミュニケーション学部の学生は、必ずしも日本史の知識は豊富とは言えない。しかし、彼らの理解力と応用力は高い。わたしは、百姓一揆とは日本近世独特の民衆運動であることを理解してもらうために、百姓一揆には作法＝ルールがあったことを語っていった。その前提として、すでに学習済みの以下の内容を再確認した。

①　近世社会は、兵農分離《へいのうぶんり》の社会であった。

②　各藩の独自の要素を残しつつも、幕府は統一政権＝公儀として全国法と裁判権とを確立した。

③　戦乱が終結し、安定した民間社会が成立した。

④　幕藩領主は暴力・武力を独占するが、為政者として、社会の安寧を保障する責務を負った。

そして、次の表1・2を提起した。表1と2とは『編年百姓一揆史料集成』第一巻（天正一八年）から第一九巻（万延元年）に収録された膨大な百姓一揆関係史料の中で、武器の使用と家屋への放火が行われたとの記載が認められる百姓一揆を集めたものである。右記の史料群を精査し吟味すると、徒党・強訴《ごうそ》・逃散《ちょうさん》＝百姓一揆と言われるものは江戸時代通じて一四三〇件であり、そのうち一揆勢が武器を使用した、と史料に記されたものは一四件、同じく家屋への放火とあるものは一四件、ともに全体のわずか一％程度なのである。学生たちはもちろん、この表から一八世紀までの百姓一揆には、放火・武器の使用と

表１　百姓一揆における武器使用の事例

和　暦	西暦	国名	領　分	通　称	出　典
天明７年	1787	相模	幕府領ほか	土平治一揆	『編年一揆集成』 6巻
享和１年	1801	羽前	幕府領ほか	村山一揆	『編年一揆集成』 7巻
享和２年	1802	武蔵	幕府領ほか		『編年一揆集成』 8巻
文化１年	1804	常陸	幕府領ほか	牛久騒動	『編年一揆集成』 8巻
文政１年	1818	大和	中坊氏領	龍門騒動	『編年一揆集成』10巻
文政６年	1823	紀伊	和歌山藩	こぶち騒動	『編年一揆集成』10巻
天保２年	1831	長門	萩藩	防長大一揆	『編年一揆集成』12巻
天保４年	1833	播磨	幕府領ほか	加古川一揆	『編年一揆集成』12巻
天保５年	1834	陸中	八戸藩		『編年一揆集成』13巻
天保５年	1834	讃岐	高松藩		『編年一揆集成』13巻
天保７年	1836	甲斐	幕府領ほか	甲州騒動	『編年一揆集成』13巻
天保12年	1841	肥後	人吉藩	相良茸山騒動	『編年一揆集成』16巻
弘化１年	1844	肥前	幕府領		『編年一揆集成』16巻
嘉永４年	1851	信濃	松代藩		『編年一揆集成』17巻

注　江戸時代における徒党・強訴・逃散など百姓一揆の発生件数は1430件。
うち武器の携行・使用が認められる事例は14件（全体の0.98％）。

表2　百姓一揆における放火の事例

和暦	西暦	国名	領分	通称	出典
明和8年	1771	常陸	水戸藩		『編年一揆集成』5巻
天明3年	1783	信濃	上田藩ほか		『編年一揆集成』5巻
文化8年	1811	豊後	岡藩ほか		『編年一揆集成』9巻
文化9年	1812	豊後	延岡藩	豊後百姓騒動	『編年一揆集成』9巻
文化11年	1814	越後	幕府領	蒲原磐船一揆	『編年一揆集成』9巻
文政5年	1822	丹後	宮津藩		『編年一揆集成』10巻
文政6年	1823	紀伊	和歌山藩	こぶち騒動	『編年一揆集成』10巻
天保2年	1831	長門	萩藩	防長大一揆	『編年一揆集成』12巻
天保4年	1833	播磨	幕府領ほか	加古川一揆	『編年一揆集成』12巻
天保5年	1834	讃岐	高松藩	甲州騒動	『編年一揆集成』13巻
天保7年	1836	甲斐	幕府領ほか		『編年一揆集成』13巻
天保8年	1837	越後	村上藩	山城谷一揆	『編年一揆集成』14巻
天保12年	1841	阿波	徳島藩		『編年一揆集成』16巻
万延1年	1860	出羽	松前藩		『編年一揆集成』19巻

注　江戸時代における徒党・強訴・逃散など百姓一揆の発生件数は1430件。
　うち家屋への放火が認められる事例は14件（全体の0.97%）。

いったものがほとんど見られないことを見抜いている。先の前提①〜④を再確認した学生たちは、近世の百姓たちが自律的に一定のルール＝作法を創り出していったのではないか、という論をすんなりと受け入れてくれた。

百姓一揆とは、幕法の規定＝全国法では徒党・強訴・逃散とされる違法行為をさし、死罪を含む重罪が適用された。百姓一揆（徒党・強訴・逃散）の眼目は、年貢・諸役負担減免、悪徳代官罷免《ひめん》、自由売買の要求など、幕藩領主への訴願にある。百姓たちは、いきなり一揆を起こすのではない。「乍恐《おそれながら》」と訴状を作成し、合法的な訴願を繰り返し、それでも要求が通らない場合、百姓一揆という違法行為に訴えるのである。

武力を独占した幕藩領主は、為政者として社会の安寧を保障し、百姓が長久に生活する環境を保全する責務を負った。これに納得して百姓は年貢を納入する。このような政治文化を歴史研究者は仁政《じんせい》イデオロギーと呼称している（深谷克己『増補改訂　百姓一揆の歴史と構造』校倉書房、一九八六年）。

百姓たちは武器を持って幕藩領主と戦ったりはしない。仁政イデオロギーに基づいて、幕藩領主＝「御公儀」「お上」のお救いを引き出すのである。ゆえに、百姓一揆の場面でも、お救いの対象であり、守られるべき百姓身分であることを強調するために、百姓たちは簑《みの》笠《かさ》・野良着《のらぎ》を着用し、農具を持参していたのである。もちろん武器などは持たないし、使用しない。守られるべき百姓として当然の正当な要求をするのであるから、身体への暴力や、盗みや放火などといった百姓に相応しくない逸脱行為を厳禁していたのである。先の表1・2も、このことを実証している。

社会構造の矛盾が露呈された天保の飢饉

仁政イデオロギーの揺らぎ

先ほどの講義にもどろう。学生たちは先の表1・2から、一九世紀に放火・武器の使用という事例が見られることに気づいている。彼らは、一九世紀に自律的な百姓一揆の作法が変わったのではないか、という仮説にも興味を持って飛びついてきた。

わたしの講義は、この仮説を証明するための実証へと入っていく。その一環として、百姓たちが放火や武器を使用し始める、その背景に触れておく必要があった。

江戸時代には大きな飢饉が四回発生した。一七世紀の寛永《かんえい》の飢饉《ききん》、一八世紀の享保《きょうほう》の飢饉《ききん》と天明《てんめい》の飢饉《ききん》、そして全国規模の被害を出した天保《てんぽう》の飢饉《ききん》である。

天保四年（一八三三）から数年間続いた天保の飢饉のさなか、幕府は江戸廻米《かいまい》の増加を一層促進する方針を取り、問屋商人にかぎらず、素人でも自由に米穀を江戸に移入させる法令を出した。

「予兆」で見たように、天明の飢饉のとき、米価高騰が江戸貧民の激しい打ちこわしを誘発した。これを経験した幕府は、天保の飢饉の下、江戸での米価高騰を防ぐ必要があった。右の法令は、この目的のために、地方を犠牲にするものであった。幕府は公儀と呼称されたが、本来有した公性《おおやけせい》が限りなく狭くなり私化《わたくしか》していることが見えてくる。一方、米穀売買に関与する商人らは、幕府の法令を正当とし利益拡大のために江戸廻米を行っていった。飢饉状況下でも私慾の連鎖は止まらなかったのである。

近年の研究では、天保の飢饉の要因に自然災害・異常気象の多発があり、一八世紀末から地球規模の寒冷期に入っていたことが指摘されている（塚本学『生きることの近世史』平凡社選書、二〇〇一年）。しかし一方、農村での米「買喰い」層の増加や、幕府の強引な江戸廻米政策と、これに便乗し私慾を拡大しようとする商人らの暗躍といった社会構造的な問題があったことも指摘されている（青木美智男『非領国地域の民衆運動と郡中議定』ゆまに書房、二〇〇四年）。

天保の飢饉のさなかに多くの百姓一揆が発生したが、これらを分析してみると、幕藩領主の危機管理能力、飢饉への対応といった政治機能がいかに低下していたかがわかる（百姓一揆研究会『天保期の人民闘争と社会変革』上下、校倉書房、一九八〇～八二年）。これは、先述した江戸時代社会の根幹を形成していた仁政《じんせい》イデオロギーの揺らぎに結びつく大問題となっていく。

幕藩領主に対する恩頼感の低下

「予兆」で述べたように、田沼時代以降、私慾の深まりは幕藩領主に対する信頼を低下させていった。そして一九世紀に入ると、幕藩領主の責務であった偃武の社会を維持するという政治機能が低下し、仁政イデオロギーが揺らぎ始め、これらを要因として幕藩領主に対する不満・不信が醸成されていった。天保期に発生した長州藩一揆・能勢《のせ》一揆・庄内藩一揆を分析した深谷克己さんは、百姓たちが、幕府・諸大名・諸役人という支配階級の解決能力に対して失望し、広く幕藩領主の威信の喪失過程となり、領主離れの感情、恩頼感の低下が起こったと論じた（深谷克己「近世政治と百姓目安」岩田浩太郎編『民衆運動史』二、青木書店、一九九九年）。幕藩領主に対する恩頼感の低下という問題を、天保七年（一八三六）に発生した甲州騒動を事例に考えてみよう。山梨県全域に拡大したこの騒動は、水戸藩主徳川斉昭《なりあき》が「内憂」

の典型として意識したほどのものであった。

甲州騒動の異常

甲州郡内地域の動向

天保七年（一八三六）、天保《てんぽう》の飢饉《ききん》が深刻となった。甲州の山間地域であり、飯米を国中《くになか》地域（甲府盆地）からの移入にたよっていた郡内《ぐんない》地域（現大月市周辺）では米価上昇が続いていた。

郡内地域を支配する幕府代官所（石和《いさわ》代官所）が、支配下の郡内地域に対して飢饉対策を施した形跡はまったく見られなかった。郡内地域では、餓死人・流行病患者・行き倒れ・捨て子などが数多く発生した。

周囲を山に囲まれた郡内地域は、元来水田に乏しい場所がらであったため、飯米・雑穀は他地域からの流入に頼っていた。一八世紀以降、養蚕《ようさん》・絹織物生産が盛んとなり、桑畑が増加したため、この傾向に拍車がかかった。郡内地域への米穀移入ルートとしては、国中地域（甲府盆地と富士川流域の河内地方）から、笹子《ささご》峠をのぼって大月方面に入るものがもっとも重要であった。しかし、天保の飢饉のさなか、国中地域からの米穀移入が激減していった。しかし、米作地帯であり、信州からの米も集まる国中地域の米穀商人たちは、江戸への廻米《かいまい》には応じていたのである。

数多くの甲州騒動関係史料が残されているが、幕府の甲府代官所や石和代官所が、郡内地域に対して飢饉対策を施した形跡はまったく見えない。

天保七年八月一七日夜、郡内下谷村近郷の百姓は、飢饉中に穀物を買い占めていた谷村の穀物商人、但馬屋武助らの居宅に乱入し、障子・建具などを打ちこわした。翌日、石和代官所の手代松岡啓助は打ちこわし鎮圧のため郡内に出張し、打ちこわしの頭取《とうどり》六名を捕縛入牢とした。しかし、この段階でも石和代官所は飢饉対策を取らなかった。

甲州騒動の始まり

一七日、谷村で打ちこわしが発生していたころ、郡内下和田村武七と犬目村兵助とは鳥沢村の森（現　大月市）で落ち合い、飢饉状況の打開のために石和代官所などに米価下落を要求する強訴を行う計画をたてた。二〇日、兵助は郡内村々に落文《おとしぶみ》をして廻った。そこには、米を買い占めている熊野堂村奥右衛門に対して米の強借を行うので、白野宿（現 大月市）に集合するように、と記してあった。郡内の百姓たちを中心として甲州騒動が始まった。

二一日朝、白野宿に結集した百姓たち五、六百人余は、駒飼宿（現 甲州市）へ向かい出立、この間、騒動勢は村々の困窮者に貸し与えるとして、黒野田宿（現 大月市）の六字屋などの豪農・商から米を借用して廻った。武七・兵助両頭取は、騒動勢をよく統制しており、郡内においては暴力的な強借はいっさい行われていなかった。つまり、郡内地域では通常の百姓一揆の作法は守られていたのである。

甲州騒動の変質

二二日、武七・兵助たち郡内勢は、穀物商熊野堂村奥右衛門家に米の強借を迫ったが、これを拒否されると、奥右衛門家を徹底的に打ちこわしていった。この直後から、国中地域の百姓たち大勢の参加によって、甲州騒動は変質していく。武七・兵助ら郡内勢の目的は米価の引き下げと、強借であった。穀屋など豪商の打ちこわしは、米価引き下げのための手段でしかなかった。しかし、国中の百姓たちは、打ちこわしそのものを目的として結集し、穀屋以外にも、質屋などを打ちこわしていった。さらに彼らは、盗みまでも始めたのである。驚くべき事態となった。このような行為は、郡内勢の思惑を越えたものであり、武七・兵助たち郡内勢は当惑し、帰村していく。

図3　(伝)奥右衛門家長屋門（笛吹市寺本家所在）

複数の史料には国中での打ちこわしに「あぶれもの」「悪党」らが多く参加するようになり、彼らによって打ちこわしは激化し、金銀・脇差《わきざし》・衣類などの盗みが横行するようになった、と記されている。

二二日夜、石和代官所から出張してきた代官の手附・手代らが、笛吹川の渡船場に至った騒動勢にいきなり発砲した。空砲ではあったが、騒動勢は激高し、一気に渡河《とが》し石和宿に入り、米屋・質屋などを打ちこわしていった。

百姓一揆・打ちこわしを鎮圧するために、幕藩領主が一揆勢に向かって、威嚇のために空砲を撃ちかけることはある。しかし、いきなり発砲することはまずない。甲州騒動の場合、代官手代たちは、騒動勢の要求を聞こうとする前に発砲した。彼らから騒動勢に対して積極的にコミュニケーションを働きかけた様子は見られない。

騒動はさらに拡大し、騒動勢は釜無川（富士川）に沿い南下するものと、甲州街道を甲府城下に向かう勢力とに別れた。

異形の「悪党」

甲州騒動国中局面では、一一五名もの無宿《むしゅく》が加わっていたことがわかっている（藤村潤一郎「天保甲州郡内騒動の諸断面」『史料館研究紀要』二、一九六九年）。しかし、国中地域の百姓たち（若者）が多く参加していたことも事実である。にもかかわらず、騒動勢は無宿・百姓の区別なく「悪党」と見なされていったのである。「悪党」＝渡世人《とせいにん》・無宿、という図式はわかりやすい。しかし、実際には多くの百姓が参加していた点が重要である。

一八世紀までの百姓一揆・打ちこわしに参加した百姓たちのいでたちは、通常簑笠《みのかさ》であったことはすでに触れた。訴願を前提とした百姓一揆において、百姓たちは百姓身分であることをビジュアル的に強く打ち出すことによって、幕藩領主の仁政を引き出していったことも述べた。百姓は日常的作業着である蓑笠を着用し、鎌などの日常的得物《えもの》を携行していた。刀などの武器を帯びることは自律的に禁止していたのである。

しかし、国中局面での打ちこわしで、「悪党」とされた騒動勢は「色物」「赤き色物」を好んで身体に付け、長脇差を帯びていた。彼らは「異形の姿」と表現された。百姓たちは、派手ないでたちを取り、武器を帯びることにより、「異形」の「悪党」へと変身したのである。彼らは自覚的に、盗み・放火などの逸脱的実践行為を働いていたのである。甲州騒動は「悪党」の騒動となった。

放火する「悪党」

八月二三日、「悪党」は打ちこわしを行うと同時に、豪農・商たちから衣類・羽織・長脇差などを盗み取っていった。

参加強制によって、一〇〇〇人以上に増員した騒動勢は、甲府代官井上十左衛門の手《て》附《つけ》・手代《てだい》らの防衛線をいとも簡単に突破して甲府城下に乱入した。

通常、百姓一揆は年貢減免、新税撤廃などの要求をもって発生する。当然ながら、一揆勢の頭取が代官や代官手代らと交渉を持つ。しかし、甲州騒動の国中局面では、このような動きはいっさい見られなかった。代官手代を罵倒し、石を投げつけた騒動勢は、幕藩領主とのコミュニケーションを拒絶したのである。甲府代官手代たちが、騒動勢にいきなり空砲を撃ちかけていたことを思い出していただきたい。甲州騒動の空間において、幕藩領主と領民との間におけるコミュニケーションは完全に断絶されていた。

甲府城下の打ちこわしは、上一条町穀仲買宅間屋善助家から始まり、城下の米穀商・質屋などが襲撃された。騒動勢は、金融業を営み甲州でもっとも裕福とされた竹原田藤兵衛家に火を放った。打ちこわしの際に放火が行われたのである。前代未聞の驚くべき事実である。火災は近隣へと及び、三、四軒も類焼した。甲府城下打ちこわし・放火ののち、騒動勢は釜無川に沿って富士川街道を北上、村々で豪農を打ちこわし、酒食の強要、盗みまでも行っていった。

脆弱な代官陣屋の軍事力

ここで少し冷静になり、同地域の支配関係を簡単に確認しておきたい。歴史は一〇〇年ほどさかのぼる享保九年（一七二四）、甲府藩主であった柳沢吉里《よしさと》（柳沢吉保《よしやす》の嫡子）が大和郡山へ転封《てんぽう》となり、甲斐国一国は幕府領となった。甲府城の守衛、武器・城米《じょうまい》管理と城下の町方支配のために、山手・追手の二つの甲府勤番《こうふきんばん》が置かれた。また、広域な甲州地域の在地支配のために代官陣屋も設置された。その後、田安《たやす》・一橋《ひとつばし》・清水の領地、「御三卿領」が設定された。甲州騒動が発生した天保七年（一八三六）段階の甲府支配関係を確認しておくと、次のようになる。一橋領は寛政六年（一七九四）、幕府に収公されていた。

幕府領一七万石余

甲府山手勤番…戸田下総守光紹
甲府追手勤番…永見貞之丞
甲府代官…井上十左衛門頼紀
石和代官…西村貞太郎時憲
市川大門代官…山口鉄五郎
田安領…四万石余
清水領…一万石余

田安領と清水領を合わせた五万石程度をのぞく、甲州地域のほとんどは幕領であり、その幕領一七万石余の在地支配はわずか三名の代官にゆだねられていたのである。広大な甲府盆地を支配する幕府の軍事力はあまりにも脆弱であった。国中東部における騒動の発生段階では、一〇〇〇人程度であったのに、所轄の石和代官所の軍事力では鎮圧できなかったのである。

公儀の殺害命令と自衛する村

甲府代官井上十左衛門と甲府勤番永見貞之丞は、騒動勢による甲府城下侵入を阻止できなかった。井上十左衛門は、騒動勢の鎮圧を隣接する諏訪高島藩（以下、諏訪藩）に要請した。さらに二四日、井上は何と国中地域の村々に騒動勢殺害の命令を布達したのである。日本の近世社会は兵農分離を原則としている。幕藩領主が百姓一揆を鎮圧できず、村々・一般百姓に一揆勢殺害を命令するなど、まさしく未曾有《みぞう》の事態となった。

甲府代官井上十左衛門が村々に殺害許可を布達したのは二四日であったが、前日の二三日における村々の動向を確認しておきたい。村々の動きも異常なのである。

甲府から富士川街道を北上した河原部村（現　韮崎市《にらさき》）では、直接村人を派遣して甲府町方の打ちこわしの情報を集積し、これを分析した結果、打ちこわし対象は、穀屋と豪商に限定されている、と理解した村役人たちの議論が始まる。村落を防衛すべしとの強硬意見も出る一方、騒動が本当に「悪党」の仕業ならば、騒動勢を殺害してもかまわないが、もし百姓たちの一揆であったならば、村防衛のために彼らを殺害してしまうと、事後幕府から過剰防衛の責任を問われかねない、という慎重論が出た。議論の結果、河原部村では自衛―すなわち騒動勢への暴力発動―をとりやめたのである。

河原部村は独自の情報収集により、打ちこわしのあり方を冷静に分析し、村内での議論の結果、主体的に非暴力の方向性を選択した。結局、河原部村は打ちこわしを受けてしまう。しかし、村人・騒動勢双方ともに一人の怪我人・死者も出ていないのである。

富士川街道をさらに北上した荊沢村《ばらざわ》（現 南アルプス市）の村人たちは、騒動勢を盗賊であるとしたうえで村落防衛体制を整え、甲州浪人――甲州地域の村々には、甲州浪人という、もと武田の家臣と自称する集団が居住していた――や剣術者たちの主導の下、竹鎗・川除《かわよけ》道具・小石などによって騒動勢を殺害していった。

横手村（現 北杜市《ほくと》）の村人たちも、甲府町方での打ちこわしの情報を収集し、家屋への放火が行われていたことを確認していた。この横手村にも横手彦三右衛門という甲州浪人がいた。彼は勇気ある行動を取った。単身、台ケ原宿（現 北杜市）まで出向き、横手村を回避してもらうよう説得すべく、騒動勢の頭取との話し合いを持ったのである。しかし、彼は騒動勢に無視されてしまう。落胆し帰村した彦三右衛門は、騒動勢を「強盗共」と強い口調でののしり、「強盗共」を殺害してでも、村を防衛すべきであると主張していく。彼のリードによって、横手村は防衛・暴力行使を決定したのである。

このように、国中地域の村々は、独自の判断において情報を収集し対策を立てていた。また、騒動勢とのコミュニケーションを図ろうともしていた。村を防衛するということは、騒動勢に対して暴力を発動することを意味する。村防衛を決定する際に、村人たちが、騒動勢を「悪党」「強盗共」と見なしていた点に注目したい。武器を持ち、家に放火し、盗みを行っているやつらは、われわれ百姓とはちがう「悪党」や「強盗」である、という語りがいたるところで見られる。しかし一方、二三日の段階では、村人たちに暴力行為への逡巡が見られたことも事実である。甲府代官の殺害命令が出た二四日以降はどうであろうか。

二四日、横手村に甲府代官の騒動勢殺害命令がもたらされた。横手彦三右衛門は「これで騒動勢を心おきなく殺害できる」と述べ、防衛人数を増員し、鉄砲数をも増加させた。

二五日、台ケ原宿では甲府代官の騒動勢殺害命令が出たことを理由に、騒動勢殺害を決定し、鉄砲・剣・竹鎗・鳶口《とびぐち》・六尺棒などによって、騒動勢の頭取ら二名を殺害し、多くを捕縛していった。

幕府の殺害許可は、村々の防衛体制を増強させ、村人たちの暴力発動に正当性を与えていったのである。

二五日、騒動勢は信州との国境近くの大八田村から教来石《きょうらいし》村（現 北杜市）に至った。これを追った甲府代官井上十左衛門の手代喜多村運平・三枝寛五郎らは、村々から出させた人足《にんそく》を動員し、大八田村で騒動勢に追いつき、彼らを殺害・捕縛していった。二五日から二六日にかけて、騒動勢は甲府代官手代の手勢と、村々の暴力によって殺害・捕縛され、

図４　騒動勢が殺害された大八田村周辺の川原

騒動は完全に鎮圧された。

百姓一揆の作法の崩壊

ここまで、甲州騒動の経過を紹介した。以下では、この騒動の意味を考えていきたい。国中地域の打ちこわしでは、騒動勢の中に「悪党」と呼ばれる若者たちが多く参加していた。「悪党」は、幕藩領主に対して何の要求を行わず、当初から盗みを目的として打ちこわしに参加し、甲府城下に放火していた。彼らの頭取の一人である久野村無宿吉五郎は、甲府町方への騒動勢の乱入を防ぐため出張してきた井上十左衛門の手代らを罵り、何の要求も突きつけず、騒動勢に指図して礫を打たせていた。同じく頭取江尻窪村周吉は大八田村において、代官手附・手代らに抜刀して立ち向かっていた。盗み、放火、武器の携行使用など、一八世紀までの百姓一揆・打ちこわしには見られない様相である。甲州騒動の中で、百姓一揆の作法は崩壊した。そして、「悪党」の行為によって、幕府代官たちの危機管理能力と治安維持能力の低さ、さらには軍事力の脆弱さが露呈されてしまった。甲府代官に期待された諏訪藩は、騒動鎮圧に消極的であった。

甲府代官たちは、打ちこわしを鎮圧することができず、騒動は拡大し、甲府城下では放火までされた。幕府は現実の政治権力＝仁政の体現者として、支配領域の治安を守ることができなかったのである。幕府の武威は地に墜ちた。

騒動最中の国中地域の様相を調べると、まるで幕府をあてにしていない村々の姿が浮かび上がってくる。村々は、幕府の「悪党」殺害命令が出る以前から、自衛の準備を始めていたのであるから。

処罰された代官

幕府の武威失墜の問題をもう少し具体的に見てみたい。幕閣は、捕縛した騒動勢の処罰・処刑を行うとともに、騒動の拡大を防げなかった代官たち、井上十左衛門・西村貞太郎・山口鉄五郎の三名にも処断を下した。

甲府代官井上十左衛門は代官罷免《ひめん》、「小普請入差控《こぶしんいりさしひかえ》」とされた。騒動勢が甲府城下をめざし、酒折《さかおり》村・板垣村を通行した際、井上本人は現地に赴かず、甲府城の米蔵を警護して、現場指揮を手附・手代に任せていたために騒動勢の甲府城下乱入を許してしまった、ということが処罰の理由とされた。騒動のさなか、「悪党」は甲府城を襲撃し、備蓄してある城米を奪う、という風聞が流れていた。井上はこれに動かされていた。騒動勢による城攻撃と城米奪取、冷静に考えればあり得ないであろうこのような風聞を、代官が信じるほど甲州騒動は異常であったともいえよう。

石和代官西村貞太郎は、越後水原代官から新たに石和代官に赴任する予定であり、騒動発生当時、江戸に滞在していた。彼は騒動の勃発について、現地の手附・手代から報告を受けていたが、対応を手附・手代に任せたままで、現地に向おうとしなかった。意図的な職務怠慢、それ以上に怯懦《きようだ》な振る舞いとしか思えない。西村も代官罷免、「小普請入逼《ひっ》塞《そく》」とされた。

市川代官山口鉄五郎の所行はもっとひどい。彼は騒動のさなか、病気と称して現場指揮を放棄し、騒動への対応をすべて手代に任せ、陣屋に引きこもったままであった。そのため、騒動は拡大し、代官所の膝元である市川大門も打ちこわされてしまったのである。当然ながら、代官罷免、「小普請入逼塞」が命じられた。

甲府城下の打ちこわしを防げなかったという理由により、甲府勤番の名代や与力ら二五名にも、扶持召放《ふちめしはなち》や押込《おしこめ》などの処罰が下った。

甲州における幕府権力の象徴である甲府城下や代官所所在地（石和宿・市川大門）への騒動勢の侵入を防ぐことができなかったことが、代官たち処断の最大の理由であった。また、騒動勢に対して実弾発砲・殺害などの強硬な対応を取らなかったことが騒動拡大の原因であった、と老中たちは判断したようである。一八世紀において、百姓一揆が発生した場合、幕藩領主が一揆勢をその場で殺害することなどなかった。この原則が崩れようとしている。

画期としての甲州騒動

語られる甲州騒動

甲州騒動は異常な事態となった。
その異常は、

①　百姓一揆の作法が崩壊した
②　騒動勢と幕藩領主とのコミュニケーション関係が瓦解《がかい》した
③　幕府が村々に騒動勢殺害命令を出した
④　幕府不信から村々が自衛に動いた

とまとめることができる。これらの様相が普遍化してはじめて、天保という時期と甲州騒動を社会変容の画期として位置づけることが可能となる。このことを考えるにあたり、甲州騒動の異常がさまざまな方法によって語られていったことを確認しておきたい。
山梨県立図書館には、甲州騒動に関する印刷物＝瓦版《かわらばん》が残されている。作成時期は天保七年（一八三六）八月と思われるが、作成者は不明である。百姓一揆のありさまが、即座に文書として多数の読み手に向かって発信されることはまずない。幕藩領主から厳重な処罰を受けるからである。しかし、甲州騒動に関しては、発生直後、そのありさまを記した印刷物が作成されたのである。これも異常である。

この瓦版には騒動の経過、打ちこわされた商人、被害額が掲載されている。全体はまるで合戦譚《たん》のような叙述である。強調されているのは、派手ないでたちをした頭取に率いられた騒動によって被害は甚大となったが、諏訪《すわ》藩が騒動勢を殺害して鎮圧した、誠に古今珍しき騒動であったという点である。

富士山を挟み甲州に接する駿河国山尻村（現　御殿場《ごてんば》市）の名主《なぬし》の日記に、甲州騒動の記録を見つけることができた。記載者である山尻村名主源兵衛は、諏訪藩が騒動勢を切り捨てたことを「目ニさましき御事」とたたえている。名主源兵衛最大の関心事は、諏訪藩の武力によって、騒動は鎮圧できたという点にあった。

甲州地域とは津久井・丹沢の山地を挟み近接する武蔵国多摩地域の小野路《おのじ》村（現　町田

市）の名主小島覚左衛門が残した日記（通称『小島日記』）にも、甲州騒動のことが記載されている。覚左衛門は騒動勢を「悪党」と表記している。日記には、鉄砲によって騒動勢は殺害されたとある。諏訪藩の動向や江川英龍《えがわひでたつ》が鉄砲百挺《ちょう》とともに甲州に入ったことにも触れている。情報は比較的正確であり、名主覚左衛門も防衛体制に関して注意を払っていることがわかる。

甲州から遠く離れた陸奥国伊達郡瀬上宿（現 福島市）に、近江八幡《おうみはちまん》に本店を持つ近江商人の支店（近江屋内池与十郎）があった。同家には天保七年の江戸からの書簡が残されており、ここに甲州騒動の様相が記されているのを偶然発見することができた（福島県歴史資料館所蔵『内田輝夫家文書』）。この書簡には、打ちこわされた商人たちの被害総額が書き上げられ、熊野堂奥右衛門や「竹原田や」が打ちこわされたことも紹介してあり、周辺諸大名の出動状況にも触れている。

甲州騒動に関する情報は甲州から発信され、隣接地域の名主たちがこれを記録していった。また、商人の情報ネットワークに乗り遠隔地までも広がっていったことも想定できる。

甲州騒動の異常は、瓦版、名主の日記、商人の書簡などによってリアルタイムで広がっていった。しかし、瓦版、名主の日記の記述内容は事実に反していた。諏訪藩は出兵したが、彼らが甲州盆地に入るのは、甲府代官手代《てだい》らと、村々の暴力が発動されたあと、つまり、騒動が鎮圧されたあとであり、諏訪藩が鉄砲発砲などの暴力を行使して騒動勢を鎮圧したという事実はなかった。しかし、瓦版、名主の日記には、一様に諏訪藩＝幕藩領主の攻撃によって騒動は鎮圧できたと記載されているのである。なぜであろうか。この問題を、性格の相違する史料の紹介を行いつつ、考えてみたい。

甲州騒動の騒動記

一八世紀に発生した百姓一揆を描いた史料として、安丸良夫さんが述べたように、「それぞれの一揆についてのあるまとまったイメージを提供してくれる記念作品」とも言うべき百姓一揆物語という史料がある（安丸良夫「地方と文学的萌芽」『岩波講座文学』六、岩波書店、一九七六年）。この史料をカリフォルニア大学の百姓一揆研究者であるアン・ウォールソールさんは、「集団行動による抵抗に関する物語は、ニュースとしてではなく明確な筋書きをもつ叙述として創り出され、事件後数年から百年後またはそれ以上後に、長い、しかも複数の物語となって現れた」と規定した（アン・ウォールソール「一揆物語の世界史的比較」岩田浩太郎編、前掲、一九九九年）。さらに若尾政希さんは、百姓一揆物語が、一八世紀半ば以降、北は東北から南は九州まで、ほぼ同一の内容・形式・表現様式のパターンをもって作製された、という事実を発見し、多くの百姓一揆物語に貫かれているモチーフは仁政イデオロギーであると論じた（若尾政希「百姓一揆ものがたりと『太平記読み』」岩田浩太郎編、前掲、一九九九年）。

若尾さんが論じたように、一八世紀に創作された百姓一揆物語が「仁政イデオロギーの時代の子」（若尾、前掲、一九九九年）であるならば、仁政イデオロギーが揺らぎ、百姓一揆の作法が崩壊した一九世紀には、これとは違った特有の百姓一揆史料が出現するのではなかろうか。わたしは、若尾さんの研究に刺激を受け、甲州騒動に関する史料を網羅的に見直してみた。すると領主側の記録や、騒動当事者の日記・訴状、裁許状などを除き、騒動沈静後、他者に語ることを目的として書かれたと思われる史料を以下のように、一六点見つけることができた。これらの史料を便宜的に騒動記と名づけたい。

「天保騒動記」「甲陽乱妨記」「甲斐国一揆騒動実記」「甲斐天保騒動記」「甲斐騒動記」「騒動一件之扣」「甲斐国一揆乱妨有無之噂咄」「甲斐国百性大乱」「騒立」「信斎叢書」「甲州百姓一揆騒動書付」「甲州一揆騒動記」「郡内百姓騒動記」「峡中秋野嵐」「甲斐国百姓大乱」「甲州の産名物挙魯家記」

これら騒動記の記述は、一様に騒動の原因から始まり、経過・結果へと語り進めている。騒動の経過に関しては、兵助など頭取に関するもの、竹原田藤兵衛家放火の場面、騒動勢の暴力・いでたちへの言及、騒動勢殺戮《さつりく》の場面、諏訪藩出兵状況、などに細分化することができる。記述量が多い場面ほど、騒動記の書き手が読み手に伝達したい内容と言えるであろう。騒動勢殺戮の場面と諏訪藩出兵状況に関する記述量が他の場面に比べて圧倒的に多いのである（須田努「人斬りの村から」『GYRATIV@』四、二〇〇七年）。先述の疑問に近づいてきた。

甲州騒動の騒動記は何を伝えたいのか

甲州騒動を記録した一六点の騒動記のうち、「甲陽乱妨記」「甲斐騒動記」「騒動一件之扣」「甲斐国一揆乱妨有無之噂咄」の四点に「天保七年」という年代が記載されていた。ただし、「天保七年」とあるからといって、その騒動記が天保七年に作成されたとは限らない。重要なことは、その騒動記の書き手が「天保七年」という年を意識して記述したという事実である。「天保七年」の記載がある騒動記（以下、「天保七年」騒動記）の一例として「甲陽乱妨記」を取り上げ、記述量が多い騒動勢殺戮の場面を紹介したい。

「甲陽乱妨記」は、国中局面での騒動勢を、抜身《ぬきみ》を持って向かってくる「曲者」「乱妨」として描いている。終局では、騒動勢が「荊沢《ばらざわ》村若者大勢」や、甲府代官手代喜多村運平らによって殺害・捕縛されたと記し、「戦場」とまで表現した絵図を載せている。

「甲陽乱妨記」は甲州騒動を「前代未聞」とし、その異常を強調している。「曲者」らによるこの異常な甲州騒動は、村々の暴力と、幕藩領主の軍事力によって壊滅させられ、幕府の役人の吟味によって終焉する、という筋書となっている。

他の三点の「天保七年」騒動記の終局も同じように、騒動勢の捕縛・殺害、諏訪藩など諸藩の軍勢駐留、幕府の吟味によって騒動勢に厳罰が下り騒動は終息する、という叙述であった。この語りの場には、一八世紀の百姓一揆物語に見られるような、天狗や怨霊・神仏も登場しない。そこには、比喩も隠喩も入り込む余地はない。幕藩領主の武力と、村々の暴力によって騒動は鎮圧され、諏訪藩兵の駐留と、騒動勢処刑とによって地域の秩序と安寧は回復されるのである。何と、〝リアル〟な結末であろうか。

「天保七年」騒動記の内容には誤記・誤認、誇大な表現などが多く見受けられる。しかし、これを手にした人びとに、語られている内容が事実か否かを見極めるすべはない。「天保七年」という年紀が、騒動記の〝リアリティー〟を担保している、と言えば、言いすぎであろうか。「天保七年」と記されたことによって、甲州騒動は忘れることのできない記憶の固塊となるのである。

これら四点の「天保七年」騒動記は誰が記述したのであろうか。これを確定することは難しい。これらがすべて山梨県内で発見されたことと、奥書・裏表紙の記載を検討した結果から、これらは甲州内部の人間によって記され、伝承されてきたことなどがわかった。甲州の人びとは〝リアル〟な「天保七年」騒動記を書くことによって、甲州騒動の記憶を確認し直す。そして、彼らは「天保七年」騒動記を語り、伝えることによって、甲州騒動の暴力と恐怖とを追体験していったと言える。甲州騒動の集団記憶は、甲州内において「天保七年」騒動記を通じて再生産されていったのである。

人びとの心性そして集団記憶

騒動記という史料をも加味したうえで、保留していた問題を振り返りたい。甲州騒動を記録した多くの史料では、なぜ一様に、事実を無視してまで、諏訪藩の軍事力による騒動鎮圧、というストーリーを創ったのか。これは、逆説的に言えば、甲府代官たちの危機管理能力・軍事力はまったくあてにできない、しかし、諏訪藩は騒動勢をやっつけて、治安を回復してくれた、という語りである。

一九世紀、仁政イデオロギーは揺らぎ始め、人びとの間で幕藩領主への恩頼感は限りなく低下していた。しかし、人びとは幕藩領主を全否定したのではない。為政者に対する完全な絶望といったものは、そう簡単に生まれるものではない。信じられないがゆえに信じたい、きっと助けてくれるはず、という甘え。そして、幕府がだめでも、諏訪藩は守ってくれるのではないか、という根拠のない期待が生まれたのではなかろうか。わたしは、この矛盾した幕藩領主へのまなざしこそが、当時の人びとの心性を現しているのではないか、と考えている。

瓦版、名主の日記、騒動記は、「悪党」による「前代未聞」の騒動が暴力によって解決された、という悪因悪果的な語りであった。それは騒動勢を殺戮した村人たちの暴力を正当化するための物語といってもよい。後述するように、暴力の正当化は甲州地域において、村々における自衛のための暴力装置や、「勇壮人」らによる民兵組織の創設に帰結する。

甲州騒動の異常は、「悪党」の行為として騒動記によって記録された。「悪党」の騒動は、諏訪藩の武力と村々の暴力によって鎮圧され、秩序が回復した、との集団記憶が創られていった。こうして、ようやく甲州地域は日常の世界に回帰していくのである。

その後の国中地域

甲州騒動から二〇年が経過した文久三年（一八六三）、幕府は「非常取締」を理由として、山梨郡・巨摩《こま》郡を中核に村々から「勇壮人」を選定して武装させ、代官陣屋の警備などを担わせる民兵組織を創出した（「勇壮人」組と表記する）。彼らの武器は鉄砲と竹槍とされた。「勇壮人」組設置の目的は、「非常之節」に「悪徒」らが集団で乱暴を働いた場合、これを、代官手附・手代の命令によりいち早く鎮圧することにあった。

甲府代官井上十左衛門は、騒動鎮圧後、幕閣に報告書を提出している。そこには、騒動勢が抜身を持って手向かい、鉄砲を撃ちかけてきたので、猟師たちに命じて、鉄砲で騒動勢を撃ち、人足たちに竹槍を持たせ、騒動勢を追いつめ捕縛した、と記されていた。しかし、騒動勢が発砲したという事実は史料上確認できない。井上の報告書は暴力行為に多く見られる事後の正当化である。関東地域を統括する代官、江川英龍は井上との手紙のやりとりから、右の情報を得ていた。こうして幕藩領主、とくに代官という実務官僚レベルで、「悪党」を中心とした騒動勢は鉄砲を持参し、発砲する、という認識が形成されていったことは容易に推察できよう。

甲州地域と同様に脆弱な軍事力しか持たない関東代官江川英龍は、甲州騒動のありさまに危機感を抱き、剣術仲間であり手代でもある斎藤弥九郎《さいとうやくろう》（有名な神道無念流《しんとうむねんりゅう》練兵館当主）を甲州へ派遣した。斎藤弥九郎は、一〇月になっても甲州に居続け、情報を収集し、津久井県荒伊にいる小田原藩大久保家家臣大橋儀兵衛らと、騒動後の警備に関して連絡を取り合っていた。余談であるが、江川英龍は、大塩平八郎《おおしおへいはちろう》の乱《らん》（天保八年〈一八三七〉）の際、逃亡した大塩平八郎を探索するため、斎藤弥九郎を大坂に派遣し、大坂の状況を見聞させ、情報を集積させていたこともわかっている（青木美智男「藤田東湖『浪華騒擾紀事』解説」青木美智男編『文政・天保期の史料と研究』ゆまに書房、二〇〇五年）。

江川は、幕府代官という実務官僚として、天保という時期の政治と社会の危機的状況を強く感じていたに違いない。彼は、実見と手代斎藤弥九郎の報告、そして同僚井上十左衛門からの情報によって、百姓一揆の変質、暴力化に危機意識と恐怖を抱いたと考えられよう。英龍の危機意識は、多摩地域の村々の百姓を練兵し、海防と治安維持を担当させる農兵銃隊の設立へと向かったのである。

江川英龍の危機意識・恐怖は、子の英敏・英武に引き継がれた。甲州で「勇壮人」組が生まれた同じ文久三年、英武が支配する多摩地域において、治安維持のための恒常的な村の暴力装置として、農兵銃隊が組織化されたのである。

〝万人の戦争状態〟

甲州地域の情報が流れた多摩地域では、天保期以降、豪農層を中心として自衛のための農村剣術が盛んになる。先に確認したように、多摩地域の豪農は甲州騒動の情報を入手していた。打ちこわしの対象となる豪農たちは、自己の生命と財産を守るため、自衛のために剣術を学び始めたのである。天然理心流などの剣術流派が多摩で成長する背景にはこうした緊迫した社会情勢があった（杉仁『近世の地域と在村文化』吉川弘文館、二〇〇一年）。

甲州騒動の恐怖が背景となって、幕府代官の指導によって国中地域には「勇壮人」組が、隣接する多摩地域には農兵銃隊という民兵組織が生まれた。村々に恒常的な自衛組織が形成されたのである。

天保七年の甲州騒動は、一九世紀の社会に大きな影響を与えた。幕藩領主の飢饉への消極的な対応、幕藩領主への人びとの恩頼感の低下を背景として、要求を持たない、打ちこわしを目的とする騒動が大規模に展開したのであった。ここに結集した無宿・百姓たちは、「異形《いぎょう》の姿」に変身し、武器を携行使用し、盗み、家屋への放火を行っていた。百姓一揆の作法はここに崩壊した。そして、幕藩領主は「悪党」の殺害を村々に命じていったのである。

この異常な甲州騒動のありさまは、風聞やさまざまな史料によって記録され、人びとに記憶されていった。幕領支配の脆弱さが露呈され、幕府は農兵銃隊の設立に踏み切り、豪農達は剣術稽古にはげみ、独自の村落防衛組織も生まれていった。甲州騒動を一つのきっかけとして、一九世紀の社会は暴力と混乱の〝万人の戦争状態〟に入っていく。

「悪党」の跳梁と作法の強調

天保の「悪党」

すでに、甲州騒動に登場した「悪党」から、百姓一揆の変質を見、「悪党」化する百姓・若者たちの行動から、社会変容の様相を見た。

全国事例の確認

次の表3は表1・2と同じ条件で、「悪党」という語彙を探し出した結果である。一七世紀にはほとんどなく、一八世紀から増加して、天保期に集中していることがわかる。先に論じた甲州騒動ももちろん入っている。ここでは「悪党」という存在にこだわり、天保期の騒動・打ちこわしのありさまを全国規模で確認しておきたい。

表３　百姓一揆に登場した「悪党」

和　暦	西暦	国名	領　分	通　称	出　典
延宝５年	1677	摂津	旗本領		『編年一揆集成』１巻
貞享３年	1686	信濃	松本藩領	加助騒動	『編年一揆集成』１巻
享保３年	1718	備後	広島藩領		『編年一揆集成』２巻
享保５年	1720	岩代	幕府領領	南山御蔵入騒動	『編年一揆集成』２巻
享保11年	1726	美作	津山藩領	山中一揆	『編年一揆集成』３巻
享保11年	1733	伯耆	鳥取藩領		『編年一揆集成』３巻
元文３年	1738	磐城	平藩領	平藩一揆	『編年一揆集成』３巻
元文４年	1739	伯耆	鳥取藩領		『編年一揆集成』３巻
元文４年	1739	美作	幕府領	非人騒動	『編年一揆集成』３巻
宝暦３年	1753	伊予	西条藩領	西条三万石騒動	『編年一揆集成』４巻
宝暦４年	1754	筑後	久留米藩領		『編年一揆集成』４巻
宝暦６年	1756	越前	幕府領		『編年一揆集成』４巻
宝暦６年	1756	加賀	金沢藩領		『編年一揆集成』４巻
明和元年	1764	武蔵	幕府領他	伝馬騒動	『編年一揆集成』４巻
天明３年	1783	上野	川越藩領		『編年一揆集成』５巻
天明６年	1786	伯耆	大山寺領	大山騒動	『編年一揆集成』６巻
天明６年	1786	備後	福山藩領		『編年一揆集成』６巻

（表３つづき）

享和元年	1801	羽前	山形藩領	村山一揆	『編年一揆集成』７巻
文化８年	1811	越前	勝山藩領	鰹山一揆	『編年一揆集成』９巻
文化12年	1815	備後	高松藩領		『編年一揆集成』９巻
文政６年	1823	紀伊	和歌山藩領	こぶち騒動	『編年一揆集成』10巻
天保元年	1830	伊予	宇和島藩領		『編年一揆集成』12巻
天保２年	1831	長門	萩藩領	防長大一揆	『編年一揆集成』12巻
天保４年	1833	他	幕府領他	加古川一揆	『編年一揆集成』12巻
天保４年	1833	播磨	幕府領		『編年一揆集成』12巻
天保５年	1834	肥後	秋田藩領	奥北浦一揆	『編年一揆集成』13巻
天保７年	1836	羽後	仙台藩領	渡波騒動	『編年一揆集成』13巻
天保７年	1836	陸前	幕府領		『編年一揆集成』13巻
天保７年	1834	伊豆	幕府領他	甲州騒動	『編年一揆集成』13巻
天保９年	1836	甲斐	幕府領	佐渡一国騒動	『編年一揆集成』15巻
天保13年	1842	佐渡	高知藩領	名野川逃散	『編年一揆集成』16巻
天保14年	1843	土佐	幕府領		『編年一揆集成』16巻

天保二年防長大一揆

まず最初に、私領で発生した一揆のうち、大規模かつ著名な事例を紹介したい。瀬戸内海沿岸、とくに長州《ちょうしゅう》地域では、稲の穂が大きくなる七月の時期に田の近くを皮類が通ると大風雨が発生するとの俗信があった。天保二年（一八三一）七月二六日、村々では皮番所を設置して皮類の通行を警戒していたところ、藩御用商人石見屋の荷物の中から皮（朝鮮犬の皮）が発見された。百姓たちは石見屋が大風雨を願い、凶作による米価高騰で儲けようとしている、と考えた。七月二七日、百姓たちは石見屋を襲い、さらに米相場に関与している米問屋・村役人・町役人宅を打ちこわしていった。騒動は萩《はぎ》藩全域と福山藩に広がった。こうして周防・長門国萩藩・徳山藩領に広がる防長《ぼうちょう》大一揆が始まったのである（三宅紹宣『幕末・維新期長州藩の政治構造』校倉書房、一九九三年）。藩側の記録である「騒動一件渡辺小五郎取登之控」という史料には、防長大一揆の経過が丹念に記録されている。史料には、他国から入り込み、百姓たちの一揆に便乗して、彼らを扇動している連中を「悪党」として、「悪党」は打ちこわしの混乱を利用して、盗みを働いているとある。いったんは鎮静化した騒動が、「悪党」の企みにより再び活発化した、仲睦まじくあるべき百姓たちが「悪党」どもの勢いによって隣家を打ちこわす騒動を始めた、とも記されている。

天保四年加古川一揆

次に同じ中国地域の事例を紹介したい。天保四年（一八三三）、播磨国加古川筋（幕府領・旗本領・姫路藩・小野藩その他）で、加古川一揆と呼称される大規模一揆が発生した。同地域では、一九世紀に入り商品経済の進展によって、商業活動に携わる百姓（在郷商人と呼ばれる）が増加し、農村部でも非農業人口（現金で穀物購入せざるを得ない人びと）が増加していた。そして天保《てんぽう》の飢饉《ききん》のとき、私慾による米穀商人の買占が発生し、米価高騰が広がっていった。

天保四年九月一二日、加東郡河高村の一千坂という野原に百姓たちが結集、新町村をめざした。新町村に入った百姓たちは、仲買の川西屋庄助、問屋仁兵衛・甚兵衛、酒造家孫兵衛など七軒を打ちこわしていった。百姓たちが穀物商ら富裕層と米価下落の交渉を行った形跡はない。

打ちこわし勢は、村々で打ちこわしへの参加を強制しながら加古川筋を南下、二手に別れつつ、二〇〇〇人以上に勢力を拡大して、各地で酒造家・木綿問屋《もめんどんや》・干鰯屋《ほしかや》などを打ちこわしていった。

一三日から一六日にかけて、姫路藩兵一五〇〇人が武装して鎮圧にあたる一方、姫路城下では町ごとに自警団を組織させ、打ちこわしを鎮圧していった。

この著名な加古川一揆にも「悪党」が登場していた。この一揆のありさまを詳細に記録した「応思穀恩編」という史料には、打ちこわし勢は「悪党」であるから会釈なく殺害してよい、侍が一人「悪党」に殺されたが、「悪党」を五〇人捕縛して、五一人を半死半生とし、その後、三〇〇人ほどを捕縛した、と記載されている。また、「播州村々百姓騒立手続之写」には、打ちこわし勢には「何国の者」かわからない連中が加わっている、「鋤・鍬・鋸・鎌・棒」の外に「不当之道具」を持参し増長し、箪笥《たんす》から衣類、とくに刀・脇差《わきざし》を引っ張りだし振り回しているとあり、騒動勢の中には、長脇差を帯びた者もいたとも記載されていた。

このように加古川一揆にはよそ者が参加し、武器を携行した集団もあった。彼らが「悪党」として認識されたのではなかろうか。

天保五年奥北浦一揆

最後に東北地方の事例を確認したい。天保飢饉まっただ中、天保五年（一八三四）一月に発生した前北浦一揆の影響を受け、同年二月、出羽国仙北《せんぼく》郡秋田藩領の奥北浦四一か村を中心にして、奥北浦一揆と呼ばれる打ちこわしが発生した。当初、百姓たちは、馬役《うまやく》税などの諸役廃止の要求を掲げ、藩への強訴《ごうそ》を計画した。強訴は途中から、廻米《かいまい》問屋・肝煎《きもいり》への打ちこわしへと変容した。

二月一九日、西長野・雲然・八割など仙北郡・奥北浦地域の四〇か村の百姓たちが山刀・鎌を持ち結集、飯米を要求すべく角館《かくのだて》町（現 仙北市）をめざした。阿仁《あに》銅山廻米蔵宿を経営する西明寺村九右衛門家には、飢饉であるにもかかわらず銅山への廻米が確保されていた。騒動勢はこれを不当であるとして襲い焚き出しを強要、各地で肝煎などをも襲撃し、酒食を要求した。騒動勢は角館町には入らず、雲然村に至り、斧・鉞《まさかり》を用いて親郷久吉家を微塵に打ちこわしていった。この奥北浦一揆にも「悪党」が登場していたのである。

奥北浦一揆の経過を記した「凶作騒動記」には、一月に発生した前北浦一揆の「残党」が加わり、角館の「乞食」などが「悪党」の後ろに従い食物にありついていると記してある。文脈上、「悪党」とは騒動勢を差すことは明らかである。

一揆鎮圧後における頭取らの捕縛・吟味《ぎんみ》の様子を記した「根本左司馬日記」には、捕縛された者の中に「北仙北郡荒川尻むら無宿《むしゅく》長助・本同郡梅沢むら無宿松之助」らがいたことが記されている。

奥北浦一揆の場合には、騒動勢の行動からではなく、その参加者のあり方を重視し、「悪党」という語彙が使用されていた。すなわち、よそ者（前北浦一揆の「残党」）や、無宿の参加を特徴として、この奥北浦一揆は百姓たちによる一揆とは相違する、と認識され「悪党」という表現が用いられたと考えられよう。

よそ者の煽動者＝「悪党」という語り

天保九年（一八三八）佐渡国幕府領佐渡一国騒動、天保一四年（一八四三）肥後国天草郡幕府領打ちこわしなどにも他国・他領から流入する浪人や無宿などが参加していて、彼らはみな「悪党」として記録されていた。

打ちこわしに参加した人びとがみずから「悪党」と名乗りをあげたわけではない。「悪党」とは、実体をあらわすものではなく、幕藩領主・名主、知識人などからつけられた一方的な呼称であり、また、よそ者・無宿・無頼《ぶらい》・博徒《ばくと》といった語彙とセットで語られることが多かった。

甲州騒動の場合、武器の携行使用、また家屋への放火という前代未聞の暴力行為の担い手が「悪党」とされた。天保期の他の打ちこわしを確認すると、よそ者、村落共同体に依拠しない人物で、騒動をあおる連中も「悪党」とされていたことがわかった。百姓一揆作法論の立場からではもはや百姓一揆とは類型化できない類の騒動が発生し始めていた。「悪党」の跳梁《ちょうりょう》である。

百姓一揆の作法の強調

作法の崩壊か強調か

天保期、「悪党」の跳梁の中で社会は大きく変容した。しかし、社会全体が暴力にまみれたわけではなく、もちろん幕藩制社会がすぐさま崩壊したわけでもない。歴史の文脈はそう単純ではない。この問題を天保期に発生した実に興味深い百姓一揆から考えてみたい。

天保一一年（一八四〇）、庄内藩で藩主の転封《てんぽう》阻止のために領内の百姓たちが一揆を起こした。三方領地替反対一揆《さんぽうりょうちがえはんたいいっき》と呼ばれる。これは、藤沢周平《ふじさわしゅうへい》の小説『義民が駆ける』の舞台となった百姓一揆であり、近年、青木美智男さんが『藤沢周平が描ききれなかった歴史』（柏書房、二〇〇九年）で、政治史をふまえ詳細な分析・考察を行っている。

国立歴史民俗博物館の久留島浩さんは「夢の浮き橋」というこの一揆を描いた絵画資料を分析して、天保期、百姓一揆の作法が解体する危機であるがゆえに、農村知識人たちは、逸脱行為による作法の崩壊を嘆き、百姓一揆の伝統とは何かを意識し始めた、と論じた(久留島浩「移行期の民衆運動」歴史学研究会・日本史研究会編『日本史講座』七、東京大学出版会、二〇〇五年)。久留島さんは、天保期に百姓一揆の作法が崩壊することは認めつつも、だからこそ百姓一揆の伝統・作法が再発見されていくのだ、と語ったのである。久留島さんは、三方領地替反対一揆が、当時の人びとにどのように意識され絵画として表現されたか、そこに当時の人びとの百姓一揆観があらわれている、というとても面白い議論＝表象論を展開している。

こう述べてくると、わたしも久留島さんも意図しない方角から、「いったい天保期に百姓一揆の作法は崩壊したのか、再発見されたのか、どっちなのだ」という二元論的批判が飛んでこないとも限らない。まずは、この庄内藩三方領地替反対一揆を分析してみよう。

天保一一年三方領地替反対一揆

天保一一年(一八四〇)一一月一日、幕府は武州川越藩松平家を庄内藩へ、庄内藩酒井家を越後長岡藩へ、長岡藩牧野家を川越藩へ転封するという三方領地替を発令した。この政策は前将軍徳川家斉《いえなり》(大御所）の専断によって決定されたものであった。

出羽庄内藩の表高《おもてだか》（公式石高《こくだか》）は一四万石であるが、庄内平野を持ち、実収は二〇万石を越えると言われていた。また、西廻り航路の要衝《ようしょう》酒田港には北前船が寄港し、特産物紅花《べにばな》を大量に大坂に輸送できるなど、庄内では流通・経済も発達していた。

一方、川越藩の財政は破綻しようとしていた。藩主松平斉典《なりつね》は家斉の実子斉省《なりさだ》を養子にもらい、娘と縁組みさせていた。家斉にしてみれば、川越藩松平家は親戚であった。松平斉典はこの個人的コネを利用して、豊かな庄内への転封を企図したのであり、これを大御所家斉が認めたのである。そして、この政策を実行した人物が水野忠邦《みずのただくに》であった。立身出世を遂げ、政治的野心が強い水野は、将軍を引退したとはいえ政治的影響力を持つ大御所家斉の関心を引き、点数を稼ぎたいという思惑があったとされている。

転封という幕藩体制の根幹をなす重大な問題が、このような私的な関係、私慾の構造によって生まれ決定されたのである。

先祖伝来の肥沃《ひよく》な地を離れることを余儀なくされた庄内の藩主（酒井家）・藩士は驚愕した。庄内藩は藩をあげて反対工作を始めた。

酒井家は、庄内に入封して以来、新田開発を積極的に進めてきたが、この資金は領内の豪商・町人たちの財力に依存したものであった。酒井家が転封になると、彼らは多額の借金を踏み倒されることになる。豪商・町人たちも三方領地替に猛反対であった。

新田開発を積極的に行い、農業のボトムアップを図ってきた酒井家は、新田開発に関するさまざまな優遇措置を取ってきた。一方、酒井家に代わり入封が予定された川越藩松平家は、藩の財政難を領民に転嫁し、苛斂誅求《かれんちゅうきゅう》を強いることで有名であり、入封のあかつきには、検地《けんち》を実行し百姓たちの既得権益を奪い、徴税を強化するであろうことは目に見えていた。百姓たちにとって三方領地替は生活を脅かす脅威であり、彼らも当然ながらこれに反対であった。

藩士、豪商・町人、百姓と、庄内の人びとは、こぞって三方領地替に反対し、立ち上がったのである。おどろくべきことに社会的階層を越えて利害が一致し、これを背景として百姓一揆が起こったのである。江戸時代を通じて、このような事例は、他の百姓一揆にない。

酒井家は、田安《たやす》家や御側御用取次《おそばごようとりつぎ》水野美濃守《みののかみ》、将軍家斉のお伽を務めた中野石翁らへ働きかけて転封阻止の内部工作を行った。

庄内藩内の村々では、村役人・名主を中心に、転封反対運動が始まった。天保一一年、京田通西郷組書役本間辰之助は肝煎《きもいり》たちと相談のうえ、西郷組の百姓一一名を選抜し、幕府に直訴するため江戸に派遣した。注目すべきは本間辰之助が、大庄屋（庄内藩の地方役人）である点、さらに豪商たちが江戸出訴その他の活動資金を出していた点である。

この計画は、在地支配の落ち度とみなされることをおそれた庄内藩によって事前に差し止められたため失敗におわったが、このときに作成された直訴状は、酒井家の支配がいかに仁政にあふれたものであったかを書き連ねつつ、その酒井家が出て行ってしまっては、領内の百姓たちは「渇命」になるほかない、として酒井家が庄内に永住することを願った内容となっている。もちろん、これは〝世辞半分〟いや〝世辞八割〟かもしれないが、ともかく百姓たちは三方領地替を阻止するためには、直訴もすれば、領主をたたえる歯の浮いたような訴状も作った、ということが重要なのである。

階層を越えた反対運動

天保一二年（一八四二）二月に入ると庄内各地で、本間辰之助ら大庄屋たちを中心にして百姓たちによる大規模な転封反対集会が開催された。本間は、百姓集会の情報を上役である郡代に報告するなど、藩との仲介役として動き回っていた。百姓集会とは百姓の徒党であり、もちろん幕府の徒党禁令に背く行為である。藩の地方役人が百姓集会を後押しし、さらに、取り締まり目的ではなく、藩上層部と百姓との連携を意識して郡代に報告しているなど、三方領地替反対一揆は、異例ずくめの様態となっていく。

百姓たちは酒田大浜に集結し、二月一五・一六日には、川南の農民五万人余りが大集会を開き、「鶴岡いなり大明神」「正一位いなり大みやう地」（稲荷と居成り=居座るを懸けている）などの旗を掲げ、転封阻止の一大示威を展開した。庄内藩は、このような百姓たちの反対集会に対して寛容であった。百姓たちは「法令書之事」という規範を自律的に創り出していた。そこには、「役人たちへ悪口・雑言をしないこと、刃物・鳴り物を使用しないこと」などが決められていた。

庄内において、地方役人本間辰之助を核として、百姓・村役人・豪商・藩とが一丸となって、転封反対運動を展開しているその時、江戸で大きな転機が訪れた。家斉が死んだのである。文化・文政期の長きにわたり、家斉の私欲にからんだ専制的な振る舞いの下でくすぶっていた諸大名たちの反発・不満がいっせいにわきあがってくる。庄内藩江戸詰家老・留守居役による江戸での必死の外交工作が行われたのであろうか、天保一二年閏正月、国主外様（外様の国持ち大名）と、諸大名たちによる三方領知替反対の伺書《うかがいしょ》が幕府に提出されたのである。三方領知替反対問題は、家斉死去後の政治闘争の色を帯び始めた。

視点を庄内にもどそう。三月に入ると、庄内川北にある玉龍寺の僧文隣も反対運動に参加し、中心的に活動し始めた。文隣以外にも、宗派を越えて庄内地域の寺院の僧侶たちが反対運動に参加していく。文隣や肝煎・百姓たち三九名が江戸に登り、将軍家の菩提寺《ぼだいじ》であり将軍家に影響力を持つ寛永寺《かんえいじ》や水戸藩への嘆願行動を開始したのである（岩淵令治「僧侶たちの駕籠訴」『地鳴り山鳴り―民衆のたたかい三〇〇年―』国立歴史民俗博物館、二〇〇〇年）。

三方領知替反対一揆とその周辺には、さまざまな社会的階層の人物、政治勢力が登場してくる。今度は江戸の南町奉行矢部駿河守定謙の番である。矢部は、多くの庄内百姓が江戸に出て各方面へ嘆願運動を展開することは、江戸の治安を悪化させると見た。そして、江戸で百姓たちを受け入れ、かつ支援しているのが、庄内出身で旗本《はたもと》の用人などを勤めていた佐藤藤佐であるとして、彼を奉行所に呼び出して尋問した。すると、藤佐は尋問の場で、幕府の三方領知替がいかに不当なものであるかを主張し始めた。なんと、矢部はこれを調書にして幕閣に提出したのである――矢部はのち桑名に幽閉され、憤懣の中、絶食して自害する――。

将軍徳川家慶《いえよし》の意志は転封中止へと傾き始めた。当初、これに抵抗していた老中水野忠邦も、庄内の百姓たちの嘆願、これを利用し幕府を批判する外様大藩の動き、さらに矢部の調書など、三方領知替反対包囲網の中、天保一二年七月一二日、三方領知替令を撤回せざるを得なくなった。

庄内の百姓・名主・豪商・地方役人・寺院、藩が一丸となった三方領知替反対闘争は、完璧な勝利をおさめた。徒党を行った百姓たちにも犠牲者はでなかった。

民衆運動の〝引き出し〟

〝引き出し〟を開けるのは民衆

三方領《さんぽうりょう》知《ち》替《がえ》反対《はんたい》一揆《いっき》には、さまざまな要素が絡み合っていたことが理解できよう。繰り返すが、百姓・肝煎《きもいり》ら村役人、豪商・町人、僧侶、地方役人・藩士・藩主らの利害が一致して、立体的な訴願闘争が生まれたなどということは、江戸時代を通じて希有な事態なのである。

百姓たちは、地方役人本間辰之助と肝煎たちのリードの下、「法令書之事」という規範を作り、整然とした徒党・訴願行為を展開した。そこでは、酒井家の仁政《じんせい》が強調され、酒井家に対する百姓たちの忠義までも語られていたのであった。

三方領知替反対一揆は、今まで紹介してきた天保期の騒動・打ちこわしとはまったく相違した構造を有していたことは明らかであろう。先述したように、どちらのタイプが一九世紀、天保という時代を反映しているのであろうか……、という問いも成り立つかもしれない。しかし、わたしはこのような単純な二元論的歴史観には立たない。一揆・騒動・打ちこわしにおける実践行為は、百姓たちが主体的に選び取っていたのである。百姓たちは、自己の要求を実現するために有効な手段を選択するのである。かつて、戦国時代、百姓たちは年貢《ねんぐ》軽減を勝ち取るために武器を持ち戦国大名と闘った。土一揆《つちいっき》である。それはまさに「合戦」であった。戦国時代が終り、社会の安寧が保障された一八世紀偃武の社会、百姓たちは自律的に武力を捨て（藤木久志『刀狩り』岩波書店、二〇〇五年）、百姓身分を強調し、盗み・放火・暴力を封印することで、訴願の正当性を獲得した。これが先述した百姓一揆の作法である。しかし、一九世紀に入ると、今までの一揆や打ちこわしの場面では起こり得なかった盗み・放火・暴力という行為が行われ始めた、という事実が重要なのである。

　民衆運動にはさまざまな方法、いろいろな〝引き出し〟がある。これを開けるのは民衆そのものなのである。人びとは要求実現のためにもっとも効果的な〝引き出し〟を開け、それを使用するのである。暴力という〝引き出し〟は、中世にはあれほど頻繁に開けられたのに、一八世紀に入ると誰も開けようとせず、忘れ去られ錆び付いていた。安定した社会では訴願が有効であったからである。慣習社会に生きる百姓・民衆が、一九世紀に入ると、自己の要求実現の方法の一つとして暴力という〝引き出し〟を開け始めたのである。こう見てくると、百姓一揆とは政治・社会に規定された政治文化、いや民衆へという視点を強くするならば、社会文化であったと言えそうである。

三方領知替反対一揆の場合には、庄内の百姓たちにとって、利害が一致する酒井家・藩と連携することが有効であった。ゆえに、彼らは領主の仁政をことさら強調し、百姓一揆の作法を遵守《じゅんしゅ》した、というわけである。

仁政イデオロギーの揺らぎの中で強調される領主・領民の理想の姿

この問題をさらに広げて、前に触れた、仁政イデオロギーの問題として考えてみたい。三方領知替反対一揆をもって、仁政イデオロギーが一九世紀にもなお強靭に実在していたではないか、という気楽な議論や、関東地域では崩れ始めたかもしれないが、東北地域では強靭であったのではないか、といった地域論的な議論――一見すると緻密そうに見える――これらの国制的・政治的感性の鈍い議論を退けたい。

一九世紀、幕藩領主への恩頼感は低下し、「悪党」の跳梁跋扈《ちょうりょうばっこ》により百姓一揆の作法が崩れた。しかしだからといって、仁政イデオロギーが完全に消滅したわけではない。既存の政治体制を維持するイデオロギー（支配的イデオロギー）は、その政治体制が革命・クーデター・変革などによって終焉を迎える以前から揺らぎ始める。また、一定の時代における支配的イデオロギーが〝はやらなくなる〟こともある。とはいえ、そのような支配的イデオロギーが、一挙かつ完全に消え去ることはないのである。

三方領知替反対一揆は、特殊な事例であったことは再三述べてきた。これを前提にして、この一揆の経過と結果を描いた「夢の浮き橋」という絵画資料について触れておきたい。「夢の浮き橋」とは、大柳金右衛門という人物が、一揆の重要な場面を描き、この一揆に関係した加茂屋文治が文章で、その場面と経過を説明した絵巻物である。現在、鶴岡市致《ち》道《どう》博物館に三巻本が、鶴岡市酒井神社に五巻本が残されている。また、『地鳴り山鳴り―民衆のたたかい三〇〇年―』（二〇〇〇年）という国立歴史民俗博物館の図録で詳しく分析されている。なぜ、このような絵巻物が、一揆の関係者の手によって創られたのであろうか。ここに描かれているのは、肝煎たちの緻密な計画や、彼らにリードされた庄内の百姓たちの一致団結した姿である。江戸時代の理想的な地域共同体と、仁政・律儀にいろどられた夢のような領主・領民の関係、百姓のために活動する僧侶の姿、勝利に酔う酒田の町

図５　「夢の浮橋」に描かれた三方領知替反対一揆
（致道博物館所蔵）

のお祭り騒ぎなど。ここには、偃武の社会の理想＝〝あるべき姿〟が凝集されているのである。庄内地域は、西廻り航路で大坂と密接な関係があり、商業も盛んであった。庄内地域は閉じられた世界ではない。そこだけが私欲の世界、治安の悪化などの一九世紀的要素からまぬがれていたわけではない。天保《てんぽう》の飢饉《ききん》も発生している。周辺地域では先に触れたように奥北浦一揆が起こり、表3にあげた天保七年（一八三六）渡波《わたのは》騒動も発生し、これらの騒動には「悪党」が登場していたのである。庄内だけ〝無菌〟状態でいられたわけではないのである。

仁政イデオロギーが揺らぎ始め、百姓一揆の作法が音を立てて崩れているからこそ、「夢の浮き橋」には江戸時代、偃武の社会における領主と領民との〝あるべき姿〟が強調され表象されていたのである。

はじまる〝万人の戦争状態〟

北関東という問題群

博徒集団と治安の悪化

一九九七年、群馬・栃木・茨城の研究者による「地域社会と近代化シンポジウム」という研究会で、当時まだ大学院生であったわたしは、本書の前提となった研究報告をさせていただいた。『江戸のアウトロー』（講談社、一九九九年）を刊行する阿部昭さん、文化元年（一八〇四）に発生した牛久助郷《うしくすけごう》一揆を研究していた高橋実さん（『幕末維新期の政治社会構造』岩田書院、一九九五年刊行）や、幕末の水戸藩領の民衆運動を研究している高橋裕文さん（『幕末水戸藩と民衆運動』青史出版、二〇〇五年刊行）、下野《しもつけ》の幕末から近代の社会状況を研究している大嶽浩良さん（『下野の戊辰戦争』下野新聞社、二〇〇四年刊行）といった、そうそうたるメンバーから、幕末関東地域の暴力と社会変容の問題を考えるならば、博徒集団と天狗党《てんぐとう》の乱《らん》の問題は避けて通れない、との有益な示唆をいただいた。

天保期から嘉永期にかけて、上州では国定忠治《くにさだちゅうじ》、総州では笹川繁蔵《ささがわのしげぞう》・勢力富五郎《せいりきとみごろう》・飯岡助五郎《いいおかのすけごろう》らの博徒《ばくと》の親分たちが地域社会と密着しつつ活動し、出入りなどの暴力事件を多数引き起こしていた。天保期以降、北関東地域では、無宿《むしゅく》・博徒の跳梁跋扈《ちょうりょうばっこ》による治安の悪化が社会的問題となっていった。この問題は阿部昭さんや高橋敏さんの研究（国立歴史民俗博物館『民衆文化とつくられたヒーローたち』二〇〇四年。『国定忠治』岩波新書、二〇〇八年など）を参考にしていただくとして、ここでは、北関東地域を横断し、各地を戦場にした天狗党の乱にしぼり、北関東地域の社会変容の問題を考えてみたい。その前にペリー来航問題に簡単に触れておく必要があろう。

ペリーが来た

ペリーが上陸した場所、久里浜《くりはま》（現 横須賀市久里浜）にはペリー公園があり、明治三四年（一九〇一）に建立された上陸記念碑がある。伊藤博文《いとうひろぶみ》が碑文を揮毫《きごう》している。随分以前の真夏、わたしはこの公園を訪れたことがある。まだ、本格的な一九世紀研究を始めていなかったわたしは、炎天に照らされる碑と伊藤の文章を見上げ、足軽《あしがる》の養子伊藤が倒幕・維新、元勲《げんくん》へと登っていったのはペリーのおかげ、ペリー様々ってとこかい、と思ったことを覚えている。

嘉永六年（一八五三）六月三日、アメリカ東インド艦隊司令長官ペリーが、四隻の戦艦と、大統領親書を携え浦賀に来航した。言うまでもなく、これをきっかけに日本の政治史は大きく旋回した。

当時の民衆もこの一大事件に大きな関心を寄せていた。埼玉県立歴史と民俗の博物館所蔵の『ペリー来航図巻』には、艦隊の兵士たちの服装、浦賀奉行らの様子のほか、おばあさんに手をひかれた子供まで、艦隊を見学する庶民たちの姿が、生き生きと画かれている。

東北地方、陸奥国伊達郡金原田村（現 伊達市保原《ほばら》町）の農民菅野八郎は、ペリー来日に刺激を受け、いてもたってもいられず遠路江戸に出て、さらには艦隊を見学し、政治意見書を幕府に提出するまでに至る（庄司吉之助「菅野八郎」『日本思想大系』五八、岩波書店、一九七〇年。布川清司『近世日本民衆思想史料集』明石書店、二〇〇〇年。須田努編『逸脱する百姓』東京堂出版、二〇一〇年）。極端な実践家菅野八郎以外にも――彼はこのような政治的活動が幕府によって危険視され、安政《あんせい》の大獄《たいごく》で捕縛、八丈島に流罪となってしまう――、人びとの中には、ペリー来航をきっかけに、地域社会の矛盾と国家的危機を結びつけ、政治的に目覚め活動し始める人間がいたのである。

天保期以降における地域の治安悪化・社会的混乱と、砲艦外交によって開国を迫る欧米列強の脅威・国家的危機とを結びつけ、これを乗り越えるべく提起された実践イデオロギーが尊王攘夷《そんのうじょうい》思想であった。そして、その中心に位置したのが水戸藩であり、前水戸藩主徳川斉昭《なりあき》であった。斉昭は、ペリー来航を契機に老中阿部正弘《あべまさひろ》の要請により、幕政に参与することとなるが、ファナティックな攘夷論を主張し続けた。斉昭の攘夷論は、世界史的視座・国際政治的観点に立って論じたものではなく、幕府が家康以来の祖法として守っている鎖国を砲艦外交によって、強引に開かせようとするアメリカは不届きであり、幕府がアメリカの武力に屈し、国を開いたならば、幕府の武威は低下し、ひいては幕藩領主すべての威光は地に墜ち、国内支配が成り立たなくなる、ゆえにアメリカの要求は却下し、戦うしかない、とい

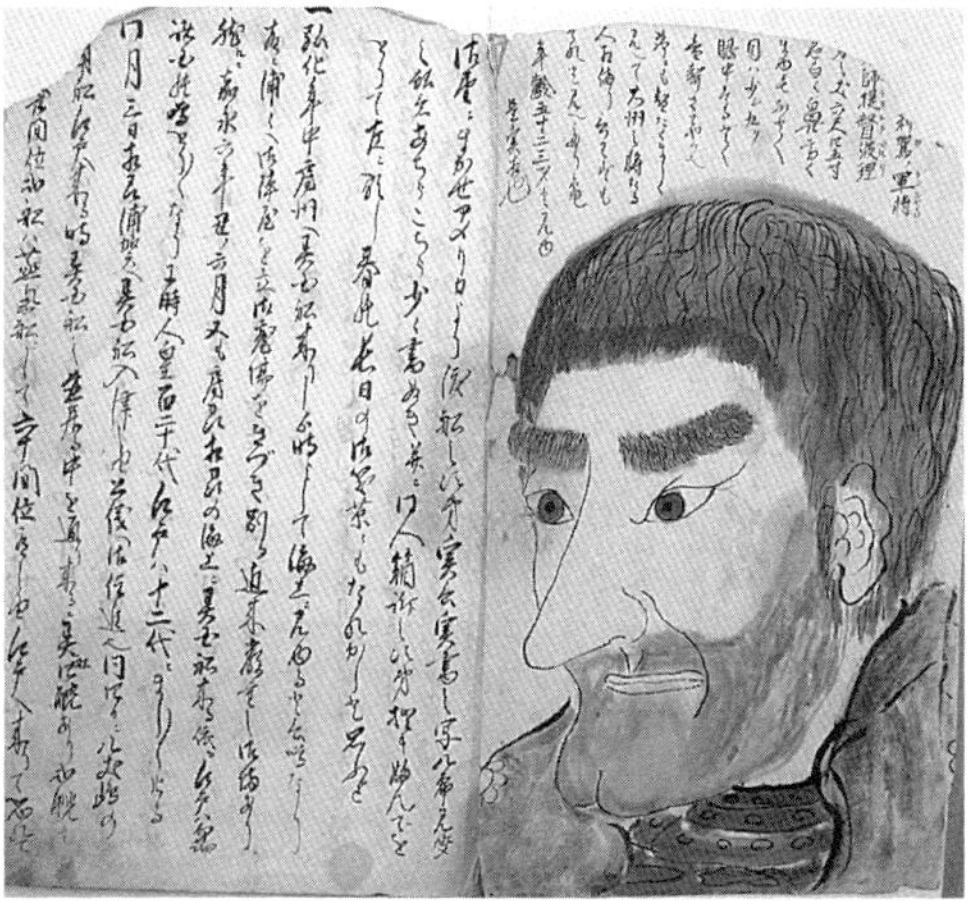

図６　菅野八郎の描いたペリー（『あめの夜の夢咄し』より、福島県歴史資料館所蔵）

う過激なものであった。この斉昭の見解には、国内の矛盾と対外危機とを結びつけるという、尊王攘夷思想の根幹が示されていた。この危機意識を継承したのが、水戸藩天狗党という思想・政治実践グループであった。

天狗党という恐怖

天狗党登場

一九九〇年代、わたしは茨城県結城郡千代川村（現　下妻市《しもつま》）の村史編纂に参加して、天狗党《てんぐとう》関連史料と、その軌跡を調査する機会に恵まれた。天狗党の行程をたどるために、真冬の旅行を実行した。その成果を振り返りつつ、天狗党の乱が北関東地域に及ぼした影響を考えてみたい。

万延元年（一八六〇）、水戸藩尊王《そんのう》攘《じょう》夷《い》派の過激な者たちは脱藩し、桜《さくら》田《だ》門外《もんがい》の変《へん》を引き起こし、元水戸藩主徳川斉昭《なりあき》の死後の文久元年（一八六一）には、英国公使館襲撃事件に、翌年には坂下門外《さかしたもんがい》の変などに主体的に関与していた。

徳川斉昭死後、水戸藩内では尊王攘夷派と保守的な門閥派との権力抗争が激化した。一方、政治の中心となりつつあった京都で文久三年、八月一八日の政変が勃発、長州藩を中心とする尊王攘夷派は一掃された。尊王攘夷運動の勢力低下に危機感を強めた、水戸藩尊王攘夷派のうち過激な者たち＝天狗党約六〇名は、元治元年（一八六四）三月二七日、田丸稲之衛門を総帥とし、藤田小四郎（藤田東湖《とうこ》の子）を中心として、幕府に攘夷実行を迫るため筑波山《つくばさん》に挙兵した。

天狗党とは、政治的にはかつて水戸藩主徳川斉昭の下で藩政改革に従事した、会沢安《あいざわやすし》らのグループの系譜を引き、思想的には水戸藩の歴史編纂事業『大日本史』叙述の基盤となった学問（後期水戸学）を継承した過激な政治集団であった。なお、水戸藩には天狗党に敵対する保守的な門閥譜代グループが存在し、諸生派と呼称された。

天狗党は、元治元年一一月までの約八か月間、北関東地域を横断し、当該地域の村・町に対して金銭・食糧、人足《にんそく》・人馬の強要を行い、幕府軍と交戦、北関東各地を戦場におとし入れた。

筑波山挙兵から太平山へ

筑波山に挙兵した天狗党は、筑波山周辺地域の村々に対して金銭と食糧の協力を要請していく。これは事実上、強奪に近かったが、尊王攘夷のため、という口上《こうじょう》が村々を説得する正当性となっていた。

元治元年（一八六四）四月三日、天狗党は日光東照宮に攘夷祈願するとして出発したが、宇都宮藩兵に日光入山を阻止され、日光奉行との交渉から、少人数での東照宮参拝のみが許可された。一四日、参詣をすませた天狗党は日光を下り、下野国太平山《おおひらさん》（現 栃木市）に駐屯した。約四〇〇名となった天狗党はここを拠点として、桐生《きりゅう》・大間々《おおまま》・足利などから尊王攘夷運動に賛同する同志を糾合、栃木町など周辺地域で軍資金の強引な調達を行っていた。天狗党によるこれらの行為は、地元では「強談」「強奪」と意識された。

栃木町焼き討ち

五月三〇日、天狗党本隊は田中愿蔵《げんぞう》らの一隊を残して、太平山を下山、再び筑波山に移動した。残った田中らは、下野・上野までの広範な地域で強引な軍資金調達＝強奪を行っていった。六月六日、田中ら約五〇名の天狗党は、軍資金調達のため栃木町に現われ、足利藩栃木陣屋に二万両の軍資金を要求した。若い田中の言動は粗暴で居丈高であった。足利藩は田中の要求を拒絶、ついに両者は戦闘となり、栃木町は戦場となってしまった。この戦闘中、田中らは栃木町に火を放った。その結果、栃木町の中心地域は焼失してしまう。栃木町の人びとは、今でもこの事件を「愿蔵火事」として伝えている。その後、田中らは筑波山の本隊に合流する。

六月九日、栃木町焼き討ちの知らせを受けた幕府は、足利・川越・宇都宮・館林《たてばやし》・高崎の諸藩に天狗党追討の命令を出した。

高道祖・下妻戦争

六月一七日、水戸藩諸生派市川三左衛門らの一隊約七〇〇名と、幕府軍約九〇〇名とが天狗党鎮圧のため筑波山をめざし出立した。七月七日、常陸国下妻高道祖《たかさい》村において、幕府軍監永見貞之丞（甲州騒動の時、甲府追手勤番であった）が指揮する幕府・水戸藩諸生派軍と天狗党との最初の戦闘が始まった。このころ約一〇〇〇名にも増員していた天狗党であったが、この戦闘に敗れ筑波山に引き返した。翌日未明、天狗党は反撃に出た。下妻多宝院に宿泊した幕府・諸生派軍に夜襲をかけたのである。この戦闘で中心的役割を担ったのが、地元常《じょう》州真壁郡木戸村の名主の子、飯田軍蔵であった。豪農の子息が尊王攘夷に共鳴し、天狗党に主体的に参加し、武器を手にして、幕府軍相手に戦闘指揮を取っていたのである。

初戦勝利に油断し酒盛りをしていた幕府・諸生派軍は総崩れとなり、鬼怒川《きぬがわ》以西まで敗走する。総指揮を取っていた永見貞之丞は、戦意消失し幕府軍を率い江戸へ逃げ帰ってしまった。一方、市川三左衛門が指揮する水戸藩諸生派は、水戸へと向かった。天狗党与党を粛清し藩内の政治権力を掌握することがその目的であった。

高道祖・下妻戦争によって、下妻の町は戦場となった。多宝院はもとより、下妻町の多

図7　多宝院山門（下妻市下妻乙所在）

くが焼失してしまったのである。

天狗党分裂

七月二四日、藤田ら天狗党本隊は、水戸藩内部の政治闘争を重視、また諸生派による残された天狗党家族の弾圧を危険視して、筑波山から水戸へ向かい、諸生派と一戦を交えることを決定する。

天狗党は尊王攘夷を掲げ、多くの〝同志〟を集めてきたが、この決定によってしょせんは〝水戸藩の天狗党〟であったことが露呈されてしまう。他藩出身の尊王攘夷論者はこの決定に激怒、天狗党本隊から離脱し、府中（石岡）・潮来《いたこ》・小川方面に分散して行く者が増加する。

一方、幕府は宍戸藩主松平頼徳《よりのり》（水戸

藩の支藩）に騒乱鎮定の命令を出した。頼徳は、事件を収めるべく水戸城に向かう。この一行＝頼徳勢に、諸生派との抗争に敗れ浪人中であった武田《たけだ》耕雲斎《こううんさい》の勢力＝武田勢と、潮来地域を中心に結成した過激な尊王攘夷派グループ＝潮来勢が参加した。潮来地域には、水戸藩の潮来郷校が置かれていたため、水戸藩尊王攘夷運動の影響が濃く、その実践的行動に共感・傾斜する若者たちが多かったのである。

那珂湊戦争

元治元年（一八六四）八月一〇日、水戸城に拠る市川ら諸生派は、頼徳の入城を拒絶した。一二日、水戸入城を拒否された頼徳勢と武田勢・潮来勢は、那珂湊《なかみなと》を拠点として居座った。これに筑波山を下山し、水戸城下で諸生派と一戦を交え、敗退した天狗党が合流する。これによって頼徳勢らは総数約三〇〇〇名となった。

八月一六日、総督田沼意尊《おきたか》を総督とする新たな追討軍が江戸を進発した。この幕府軍は結城を経過し、笠間の月崇寺《げっそうじ》を本営として着陣、二五日には水戸城下に入り、弘道館《こうどうかん》を本営とした。

九月一日、栃木町焼き討ち以来、天狗党本隊から離れ別行動していた田中愿蔵隊は頼徳勢への合流を希望するが、粗暴かつ地域との軋轢《あつれき》を引き起こす彼らは嫌悪され、合流を拒絶されてしまう。しかたなく田中愿蔵隊は、分派し北方へと転戦していくことになる――

彼はのち、捕縛・処刑される――。

九月一六日、那珂湊を拠点とする頼徳勢・武田勢・潮来勢と天狗党本隊、総勢三〇〇〇名に対して、総督田沼意尊に指揮された幕府・諸生派軍約一万三〇〇〇による本格的攻撃が始まった。この戦闘は一〇月末まで続いた。

一〇月九日、激戦ののち、頼徳勢らの敗色は鮮明となった。松平頼徳本人および頼徳勢の多くは続々と幕府軍に投降した。そもそも、幕府に天狗党の乱の収束を命じられた松平頼徳が、戦闘的な態度を取っていたのは、諸生派に水戸入城を拒否され、恥辱を受けたことが原因であり、頼徳勢が幕府軍と戦闘を行う理由などなかったのであるから、戦闘士気が高いわけがなかった。

一〇月二三日、武田勢・潮来勢・天狗党は投降する頼徳勢と別れ、那珂湊を脱出し北へと向かった。その後、頼徳は江戸に出て幕府への弁明を行おうとしたが、総督田沼意尊に拒否され、水戸で幽閉切腹となり、頼徳とともに投降した多くの家臣も切腹・斬首された。なお、先に触れた下妻戦争で活躍した豪農出身の飯田軍蔵は、この戦闘で負傷し投降、その後獄死した。

天狗党と諸生派との水戸城下での市街戦、そして那珂湊戦争によって、水戸・那珂湊とその周辺地域は二か月もの間、刀槍と銃砲の戦火にさらされたのである。

一〇月二五日、那珂湊戦争に敗れた天狗党・武田勢・潮来勢、総数一〇〇〇名あまりはそれぞれ那珂湊から北上、久慈《くじ》川に沿って進み、尊王攘夷意識の強い山間の大子《だいご》村に入った。

大子村での再編成

大子・久慈地域には水戸藩の郷校が置かれ、かつて藤田東湖が訪れるなどして尊王攘夷思想が導入されていた。桜田門外の変の中心人物であった水戸浪士関鉄之介は、井伊直弼《いいなおすけ》殺害後逃亡、その潜伏先が大子村の豪農桜岡源次衛門家であった。大子村地域には、桜岡源次衛門に限らず、尊王攘夷に共鳴する豪農・百姓らが多く居住していたのである。

ところが諸生派黒崎藤衛門（大子郷校学監）と、彼が組織した大子の百姓たちが、洞坂峠で天狗党を討とうと待ち構えていたのである。大子村地域にも諸生派の力が及んでおり、地域は二つの勢力に二分されていた。水戸藩の政治闘争が地域社会を分断していたのである。

天狗党は黒崎らを破り大子村に入り、武田勢・潮来勢を統合した。福島県に近い茨城県久慈郡大子町は、現在、袋田《ふくろだ》の滝《たき》で有名な山間の温泉地であるが、当時、旧暦の一〇月下旬の山間の里は、相当寒かったであろうと思う。藤田小四郎らは、武田耕雲斎を総大将として、新たな軍事再編を行った。そして、婦女子三〇名を含む総勢一〇〇〇人は、京都にいる水戸藩出身の一橋慶喜《ひとつばしよしのぶ》（禁裏《きんり》守衛総督）に尊王攘夷の陳情と、幕府との戦闘の弁明を行うという新たな目的を掲げ、京都をめざすこととなった。天狗党の行動目的は次第に矮小化《わいしょうか》されてきた。しかし、彼らはまぎれもない歴戦の戦闘集団であった。そして、村々にとっては、血と火薬の匂いをまとい、刀槍を帯びて、金銭を強要するまぎれもない暴力集団であった。

天狗党西進

一一月一日、天狗党は大子村から西に向けて出発、その後、真冬の野州の山間地域を南下、例幣使街道《れいへいしかいどう》に入り、梁田宿（現 足利市）を経由して上州へと至る。この間、天狗党は村々に対して多額の軍資金の徴発・強要を行っていた。また、足利周辺村落からは、彦三郎など六名の百姓が主体的に天狗党に参加していた。

一一月一二日、天狗党は例幣使街道から離れ、利根川を渡河した。対岸の武州《ぶしゅう》村々では天狗党対策が取られていた。妻沼村では百姓たちに竹槍が配られ、厳重な警戒がしかれ、忍《おし》藩・岡部藩は、中瀬村（現 深谷市）と上州平塚村（現 太田市）の船着き場に藩兵を配置させたが、戦闘は回避された。

中山道《なかせんどう》に出て北上した天狗党は、高崎藩との戦闘を避け、神流川を渡河し藤岡宿に入り、ここでも献金を強要、中山道から別れ脇往還《わきおうかん》（信州姫街道）を進み、吉井宿から富岡宿へと至った。これを察知した幕府田沼意尊は、上州各藩に天狗党追討の命令を出した。

下仁田戦争

元治元年（一八六四）一一月一五日、天狗党は幕府領である下仁田《しもにた》宿に迫った。天狗党接近の知らせを受けると、これに恐怖した下仁田宿の幕府代官は、宿場防衛を放棄して逃亡してしまう。宿の役人たちは天狗党の暴力を恐れ、彼らを歓迎する方針をかため、町の人々は、天狗党に対して宿舎を提供していった。

一五日、下妻戦争で敗走した高崎藩兵（約三二〇名）は倉賀野を出立、途中小幡藩兵と合流し、天狗党を追撃してきた。この情報を得た天狗党はこれを迎撃するべく、下仁田宿の地形を利用し布陣をはった。

一六日、夜明け前、天狗党と高崎藩との戦闘＝下仁田戦争が始まった。高崎藩は大砲五門を擁していたが、白兵戦《はくへいせん》を多く経験してきた天狗党にまたもや大敗した。下仁田宿南方の鏑川《かぶらがわ》河原では、天狗党により捕われた高崎藩兵の処刑が行われた。現在、下仁田町には、天狗党・高崎藩兵の墓、両者の死者を弔う石碑が多く存在している。

一七日、下仁田戦争に勝利した天狗党は、戦傷者とともに西に進み、姫街道から別れ内山峠を越えて、信州佐久《さく》へと入った。三月二七日の挙兵から一一月一七日までの八か月間、

図８　下仁田戦争　激戦の様子を物語る弾痕が残る土倉（里見家住宅）

天狗党は村々から金品を強奪し、地域社会を戦争と暴力に巻き込み、関東から去っていったのであった。

なお、天狗党は真冬の信州でも戦闘を続け、日本海に抜け加賀藩に投降し幕府に引き渡され、最後まで残った三五二名はすべて処刑された。江戸時代を通じて、このような大量処刑の事例は他にない。

関東取締出役《かんとうとりしまりしゅつやく》の渋谷鷲郎らが、処刑を申し渡し、刑の執行を確認した。なおこの渋谷は、のちに重要な役割で登場することとなる。

村々にとっての天狗党の乱

関東の地域、村々にとって天狗党《てんぐとう》の乱《らん》とは何であったのか。ここでは天狗党の乱が周辺村々に与えた影響について考えてみたい。天狗党は常州・総州・野州・上州各地で、金品の強奪を行っていたことは繰り返し述べてきた。

天狗党というチャンス

元治元年（一九六四）三月、常州新治《にいはり》郡片野村（現 石岡市）の穀屋伝吉が、横浜貿易で利益を得たことを理由として天狗党に斬殺、梟首《きょうしゅ》される事件が発生した。天狗党に対する村々の恐怖は一気に高まった。さらに、天狗党をかたり、村々に対して強請《ゆすり》・たかりを行う無頼《ぶらい》の徒も増加していった。

茨城県下妻市千代川町には、高道祖《たかさい》・下妻《しもつま》戦争直前に、筑波山《つくばさん》から天狗党が五〇〇人ほどやってきて、本宗道村（現　下妻市）周辺から米を大量に買い上げていったが、これを運ぶために一五〜六〇歳までの男が人足として連れて行かれた、と記した史料が残っている。これは六月二六日のできごとである。天狗党は農繁期であろうと容赦なく村々から人馬を徴発したのである。このような事例は、北関東各地で多く見られた。

ところが、この金品強奪は何も天狗党だけに限ったことではなかった。なんと天狗党鎮圧に向かった幕府軍も同様のことを行っていたのである。六月二四日、幕府は「御国恩・冥加《みようが》」のためと語り、本石下《もといしげ》村（現　常総市）などにおいて日本刀・鑓《やり》などを供出させていた。天狗党との戦闘に備えての武器徴発である。「御公儀《ごこうぎ》」が田舎の百姓から武器を供出させようというのであるからおかしな話である。

天狗党は尊王攘夷を掲げ、幕府は「御国恩・冥加」を説き、村々から金品・武器・人馬を徴発していたのである。ここで、確認しておきたいことは、年貢《ねんぐ》・諸役、さらにこの時期の旗本《はたもと》領などでは金銭上納催促などの負担があるうえに、天狗党・幕府の強請・たかり――と言ってもよいであろう――が行われていた、という事実である。さらに、農繁期にもかかわらず、天狗党も幕府も、村々に対して人足《にんそく》・馬の強制動員も行っていたのである。

七月、藤田小四郎らが水戸藩内の政治闘争を重視し、水戸へ引き返すことを決定したため、天狗党は分裂、武装した離脱者たちが広範に四散したことはすでに述べた。彼らは村々から金品を強奪していったのである。統制のとれていない武装集団がウロウロしているのである。これは村々に新たな恐怖をまき起こした。

関東の村々・町々から天狗党に協力・参加する人物が数多くいた。その実数はわかっていないが、各地に天狗党に参加した人物たちの名前が伝えられている。もっとも有名な人物は先述した飯田軍蔵である。

常州新石下村（現　常総市）には周吉という百姓が天狗党に参加した。新石下村では、周吉が天狗党に参加したから、天狗党が村に来るかもしれない、といった緊張が高まっていた。

野州梁田《やなだ》村（現　足利市）の青木彦三郎は、江戸に出て尊王攘夷思想を学び、帰郷後地域の志士を糾合し、太平山《おおひら》の天狗党に参加していった。彼以外にも、足利地域からは、刈谷三郎・亀山平助・青木総吉（彦三郎の弟）などの若者たちが天狗党に参加していた。

嘉永期以降、地域に尊王攘夷思想のネットワークが生まれていた。天狗党が、資金・武器の調達、仲間の増員にこのネットワークを利用していたことは事実である。わたしは北関東の若者たちが、このネットワークで学び、天狗党という事件を自己実現のチャンスと意識して活発に活動し始めた、と理解したい。しかし一方、天狗党に主体的に参加した若者たちは戦闘に傷つき、死んでいったことも事実であった。

常州筑波町（現 つくば市）に鎌八という名主がいた。彼は天狗党が掲げる尊王攘夷に共感したと称し、天狗党と村々との間に入り、村々から仲介料を取り、強要金減額の交渉を行っていた。天狗党の乱終息後、彼は幕府によって処罰され軽追放《けいついほう》となっている。

天狗党に批判的な人びともいた。天狗党が挙兵した筑波山の近辺の動向を紹介したい。『筑波町史』下巻（一九九〇年）には筑波町の屋根葺職人の親方勇吉の記録が紹介されている。勇吉は、水戸藩の尊王攘夷運動には好意的であり、桜田門外の変に関係した水戸浪士を「勇士」と評していた。しかし、天狗党には批判的であり、「水戸天狗共」「天狗浪士」と表記し、田中愿蔵の栃木町焼き討ちを「悲どう（非道）・ごふよく（強欲）」「天狗国賊」と酷評していた。

常州の北方、大子村よりも海岸よりの久慈郡里美村（現 常陸太田市）では、尊王攘夷運動に賛同し、天狗党に参加する百姓たちと、これに対して諸生派に賛同する百姓たちとに二分され、相争うという事態となっていた。この地域では諸生派の勢力が優勢であったようである。折原に居住するある郷士は、天狗党挙兵直後は天狗党に属し、資金調達にも参加するなど積極的に活動していたが、天狗党が劣勢になると、今度は諸生派への転向を図り、諸生派に五〇両の大金を献上し赦免嘆願を行っていた。彼の行動は、確かに節操もない。しかし、尊王攘夷運動という政治争いが持ち込まれた地域社会・村々、そこにはその状況を利用しつつ、懸命に生き残りと、自己実現を図ろうとした人びとがいた、という見方もできる。

天狗党の乱の問題は、身体的・心理的暴力被害や、経済的損失だけにとどまらない。天狗党の活動によって地域・村々が政治的に分断され対立していったのである。

局地戦の影響

七月七日・八日における高道祖・下妻戦争の情報は、即座に周辺村々に伝達されていった。常陸国石下町（現　常総市）の新井清家には、幕府陣屋が設置された多宝院への夜襲が行われた七月九日付の書簡が残されている。ここには「下妻之さわぎ」＝戦争・火事があったため、自主的に鬼怒川の渡船を禁止しよう、といった内容が記されている。人びとがいかに天狗党の乱に恐怖を持ち、敏感に対応していたかがうかがい知れる。

下妻近隣の千代川村宗道（現　下妻市）飯塚静二家に残る高道祖・下妻戦争の様子を詳細

に記した史料には、以下のような内容が記されていた。

九日、天狗党は「江戸方」＝幕府鎮圧軍が駐留する下妻町を焼き払った。多宝院には多数の遺棄死体があった。下妻町では多くの老若男女が戦闘をさけて親類の所へ逃げていった。本宗道・新宗道村も戦闘にまきこまれることを恐れて、家財道具などはみな親類のところへ運び込んだ。

天狗党の乱の直接的被害は戦闘による放火である。栃木町・下妻町は放火され焼失してしまった。この恐怖の中、近隣の千代川地域でもパニックが起こっていた。さらに、金銭・食糧の強要、人馬の徴発も大きな被害をもたらした。これによって村々は「難儀」「困窮」に陥るのである。

元治元年（一八六四）八月、幕府は関東取締出役《かんとうとりしまりしゅつやく》を通じて、関東地域広域の村々に天狗党捕縛・殺害命令を発令した。これによって積極的な自衛の動きを見せる村々も出始める。田中隊による栃木町焼き討ちによって、町を守れなかった足利藩の権威は失墜した。被害を被った町人たちは復讐のため集団で田中隊を追撃する勢い（のち中止）を見せたのである。

先に紹介した高橋裕文さんは、関東取締出役の殺害命令より早い七月における村々独自の行動を紹介している。茨城郡友部村や、那珂郡諸沢村（現 常陸大宮市）などで、百姓たちが結束して竹槍で天狗党と戦って、彼らを殺害・捕縛したというのである（高橋裕文、前掲、二〇〇五年）。

天狗党西進の影響

那珂湊の戦闘において、頼徳勢は多勢である幕府軍に敗北し、天狗党は北上し大子村から京都をめざし西進したことはすでに述べた。この情報も広く関東の村々にもたらされた。関東地域において小規模な戦闘が繰り返された。埼玉県立文書館所蔵平山家文書「願上書」には、那珂湊における水戸藩反射炉周辺の戦闘や、袋田＝大子村での戦闘の様子が記されている。そこには「浮浪共敗軍脱走いたし」として、天狗党から脱走人が大量に出ていること、天狗党の通行によって奥州道中・宇都宮などでは戦闘をさける人びとで大混雑に陥っている、などの記載が目につく。天狗党および幕府軍との戦闘によるさまざまな被害も甚大であったが、那珂湊での天狗党敗戦以降、天狗党から脱落・脱走していく武装した「浮浪」の存在も村々に恐怖をもたらしていた。北関東地域はパニックに陥っている。

那珂湊戦争のち水戸藩領内では天狗党に敵対し、彼らを攻撃しようとする村々が多くなっていく。敗走・四散し、少人数となった天狗党残党は、村人たちによって殺害されていった。このような「天狗狩り」が各地で見られたのである。武田《たけだ》耕雲斎《こううんさい》の子、小藤太は鹿島郡飯島村で百姓に囲まれ切腹に追い込まれている。

天狗党本隊から分かれ北上した田中隊は、各地で金銭・食糧などの強奪を行っていったが、百姓たちから攻撃を受けることとなる。那珂郡西野村地域では、百姓二、三千人が田中隊の村進入を阻止するため結集し防衛体制を作っていた。また、同時にかつて天狗党に荷担した人物（多くは豪農）への打ちこわしも相次いでいった。

天狗党の乱という経験・記憶

治安が悪化していた関東地域に天狗党の乱が発生したのである。一九世紀の関東地域における社会変容・暴力の問題を考えるにあたり、やはり天狗党の乱は避けて通れぬ大きな問題であった。尊王攘夷という

〝大儀〟の発露は暴力であり、村・町が戦場となったのである。

戦場となった村・町は焼かれ、人びとは天狗党の暴力に恐怖し、幕府・天狗党双方から金品を強要・強奪された。こうして一九世紀の関東地域は悲惨な状況となった、と語るだけが本書の目的ではない。二五〇年の間、兵農分離《へいのうぶんり》の原則の下、武力を独占してきた幕藩領主が、天狗党――たかだか浪人集団――の攻撃を受け敗退し、代官は逃げ、村・町、そこに住まう民衆＝被治者を守れなかったのである。この事実こそが天狗党の乱の大きな社

会的影響と言える。人びとは主体的に行動し、村・地域を防衛するために集団暴力の途を選択した。この事実から目をそむけてはいけない。そして、この集団暴力の経験は、北関東地域に大きな傷跡を残し、人びとの記憶に残り続けたのである。

多摩地域の苦悩

北関東から視点を、甲州騒動の影響を受けた西関東に向けよう。わたしは、早稲田大学と明治大学で市民向けの歴史講座を担当させていただいている。幕末を題材とした講座を開くと人気は上がる傾向にある。NHK大河ドラマの影響も大きい。二〇〇八年放送の「篤姫《あつひめ》」は大人気であったという。二〇一〇年には坂《さか》本龍馬《もとりようま》が登場した。二〇〇四年放送の「新選組!」はいまだに受講生の記憶に残っていて、多摩地域の社会文化を語る際のネタとして使わせていただいている。役者さんの効果は大きい。「新選組!」では、近藤勇《こんどういさみ》・土方歳三《ひじかたとしぞう》に比べ、マイナーな隊士であった多摩(日野)出身の井上源三郎――小林隆さんが演じた――の人気が出た。また、近藤・土方

豪農の剣術習得

をバックアップした日野宿名主佐藤彦五郎は、小日向文世さんが演じたことで〝癒し系〟のイメージがついてしまった。

では、実際の多摩地域はどうであったのか。治安が悪化した幕末社会において、地域の安寧を守る責務を負った名主は〝癒し系〟でいられたのか。そもそも、なぜ多摩で新選組の母体が生まれたのであろうか。これらの点を考えてみよう。

天保九年（一八三八）、多摩の昭島地域では豪農たちが天然理心《てんねんりしんりゆう》流の松崎正作道場（現八王子市）に入門して剣術を習得する動きが始まる。これは多摩一円の動きと言える。江戸時代の在村文化の研究を専門として、独自の社会文化像を描いている杉仁《ひとし》さんは、多摩地域における天然理心流の門人数の推移を分析し、以下の結論を導き出した（杉仁『近世の地域と在村文化』吉川弘文館、二〇〇一年）。

天然理心流とは、享和～文化初年頃、流祖近藤長裕《ながひろ》の二代目、戸吹《とぶき》村名主近藤方昌が多摩地域（日野・八王子）を地盤に発展させた流派である。この流派は日野・八王子地域の千人同心、郷士層の師弟たちが土着の剣術として維持し、本来、千人同心の慣習的な武術習得によって支えられてきたが、天保期から豪農の武術へと性格を変え、弘化元年（一八四四）、入門者は二五か村・六六名に急増し、彼らはみな村役人層の家柄、ほとんどが一

○歳代の跡継ぎたちであった。

先述したように、天然理心流の豪農武術への転換期は、天保九年であった。甲州騒動は天保七年である。甲州街道でつながる多摩地域にこの騒動の情報は伝達され、名主の日記にその様態が記述されていた。杉仁さんも述べているように、多摩地域で豪農剣術が盛んになるきっかけは明らかに甲州騒動の影響であろう。

幕府の治安機能は著しく低下している。自己の生命・家族と財産を守るのは、みずからの暴力しかない、幕府もこれを認めている。暴力化した「悪党」による騒動で、打ちこわしの対象となるのは豪農たちである。彼らの自己防衛が始まった。

地域リーダー佐藤彦五郎

天然理心流三代目近藤周助は、江戸牛込《うしごめ》柳《やなぎ》町（現 新宿区）に道場を構え、多摩地域には年に数回出稽古に来ていた。周知のように、この道場に、多摩に居住していた近藤勇と土方歳三・井上源三郎らが入門するのである。歳三の姉の嫁ぎ先が日野宿名主佐藤彦五郎であった。代々日野宿名主の家に生まれた彦五郎は、名主としての責務を自覚した責任感の強い人物であった。彼は、天保期から続く治安悪化の情況下、日野宿、さらには多摩地域の安寧を願っていた。嘉永二年（一八四九）、彦五郎をとんでもない惨劇が襲った。火事のさなかに祖母ゑいが賊に斬殺され

図９　佐藤彦五郎肖像（佐藤彦五郎新選組資料館所蔵）

てしまったのである。彼は、この事件をきっかけに天然理心流近藤周助道場に入門することになる。

名主彦五郎の剣術修行は、自己の生命と財産は自己責任で守るしかない、という問題だけではなく、名主として地域の治安を維持する、という責務からの行動であった。それは、その後の彦五郎の行動で理解できる。写真に見る彦五郎からは、毅然としたリーダー像が浮かび上がる。

彦五郎は、自宅を改造し道場を造った。天然理心流の多摩地域での出稽古は佐藤彦五郎道場で行われるようになり、日野宿での剣術修行、天然理心流入門者は増加し、この風潮は多摩地域に拡大していった。日野宿の鎮守牛頭天王社《ごずてんのうしゃ》（現 八坂神社）には、佐藤彦五郎道場の一同が剣術上達祈願のために額を奉納している。天然理心流佐藤彦五郎道場により、剣術という個人技がより組織化されたのであった。彦五郎は地域の治安を守るべく、主体的に剣術という暴力を習得するのみならず、これを名主の統制下にコントロールしていったのである。

農兵銃隊の結成

文久三年（一八六三）二月、多摩地域には幕府から「悪党」浪人を捕縛するように、との命令が出された。これを受けた多摩の村々は、幕府に対して、集団強盗が横行しているが、この連中は槍や鉄砲で武装しているため、これに対抗するには、竹槍では不可能、村も鉄砲で武装する必要がある、といった願い出や、「悪党」は増長して鉄砲で武装し大勢で襲ってくるので、これに対抗する村も「高島流小筒」＝最新のゲベール銃で武装したい、との申し出を行っていた。多摩地域の防衛意識は、剣からゲベール銃へと先鋭化した。

多摩地域の幕領を支配し、治安の悪化を憂慮する江川英龍《えがわひでたつ》が、甲州騒動の異常に強く反応し、恐怖・危機意識を強めていたことはすでに述べた。英龍は多摩地域において、百姓を対象とする防衛組織=農兵の設立を企図した。彼は嘉永六年（一八五三）に勘定吟味役格海防掛に就任、これをきっかけに、海防という視点も含め、幕府に農兵の組織化を建議する。農兵設置は英龍の存命中には実現できず、長男英敏は早世し、次男英武の時代に多摩地域で農兵銃隊の組織化が行われた。

江川英龍の世襲代官としての責務、恐怖・危機意識は長男英敏・次男英武に引き継がれたと言えよう。文久元年、江川英敏が農兵銃隊設置を幕府に建議した。甲州で「勇壮人」組が生まれた同じ文久三年、江川英武は農兵銃隊設置を許可され、同一一月一五日、多摩地域に農兵銃隊取り立てが命じられた。慶応期に入ると、大名領・旗本領でも農兵が組織されるに至る。これより早く、江川が組織した農兵にはゲベール銃が支給されていた。この点を重視して、わたしは江川により組織された農兵隊をあえて農兵銃隊と呼称している。

農兵銃隊に関連する史料が多摩地域には多く残されている。西東京市に残された「御書取写」という史料の文久三年一〇月の項目には、近頃、盗賊・「悪党」どもが蜂起して、村々は辛苦の極みであるので、これを取り締まるため「壮年強健之」者で農兵を取り立てる、と記載されている。

翌元治元年（一八六四）三月、幕府からゲベール銃が支給され、農兵銃隊の具体的編成が始まる。そして五月、多摩地域の村々に幕府から、天狗党に対する捕縛・殺害命令が発令された。農兵銃隊は地域防衛の戦力として位置づけられていく。

農兵銃隊は文政改革で設置された寄場組合《よせばくみあい》を単位として、日野・五日市・蔵敷・田無・拝島などで組織された。各農兵銃隊は、武州・相州《そう》両地域で四一五人を動員する計画とされ、村高《むらだか》を基準におよそ男子一〇〇人につき一人の割合で選出された。多くは豪農の次男・三男の若者たちである。農兵銃隊の装備・訓練などの費用は村の割り当てとされ、豪農などの献金でまかなわれた。治安悪化に悩まされ、打ちこわしの際にはターゲットにされるであろう豪農たちは積極的に献金を行っていた。

農兵銃隊の調練は頻繁に行われた。蔵敷組合では、元治元年の組織当初、訓練は「下稽古」と称して毎日行われ、その後は五日おきとされ、参加者も多かったことがわかっている。彼らは、各農兵銃隊ごとに独自の制服・ユニホーム・旗を誂えていた。

農兵の設置は江戸時代の兵農分離の原則を破る、つまり身分制度の根幹にかかわる重大な問題であるが、わたしは、農兵取り立て許可が出る五か月前の文久三年三月、多摩の村々から自主的に村落自衛のため一〇〇挺のゲベール銃を拝借したい、との願い出が出ていたこと、刀鎗でも火縄銃でもなく、ゲベール銃を貸し与えられた豪農の若者たちが、共通のユニホームと旗を作り、積極的に調練に参加していた事実にこそ着目したい。火縄銃は獣害を防ぐための農具でもあるが、ゲベール銃は当時最新の対人殺傷兵器である。

　天保期以降、多摩地域では治安悪化への対応として、農村剣術が盛んになった。これは各個人による家の防衛という意味合いが強いものであった。ところが、幕府によって「悪党」「無宿・浪人」への暴力行使を公認され、村々は幕府公認の〝正統〟な暴力組織である農兵銃隊に組み込まれていったのである。いやむしろ、地域防衛のために豪農たちは積極的に献金を行い、若者たちは主体的にゲベール銃という対人殺傷兵器の使用をマスターしていったと理解したほうがよいかもしれない。

世直しと〝万人の戦争状態〟

武州世直し騒動にみる「悪党」と暴力

連続する世直し

幕末開港後、関東地域では社会不安と経済格差とがさらに拡大していった。社会的弱者となった貧農・小作農、諸稼ぎに従事する人びとが、質地・質物の返還、債務関係の一切破棄と窮民救済を唱え、「世直し」を標榜して、豪農を襲撃・打ちこわし、施米《せまい》・施金を要求した。一九世紀特有のこのような騒動を、日本近世史研究者は世直し騒動と呼んでいる（佐々木潤之介『世直し』岩波新書、一九七九年）。

ここでは、慶応期、関東地域で発生した世直し騒動のうち、慶応二年（一八六六）武州《ぶしゅう》世直し騒動、慶応四年上州《じょうしゅう》世直し騒動、そして同じく慶応四年野州《やしゅう》世直し騒動を取り上げ、その様相を見ていきたい。これら三つの世直し騒動は、ここまで述べた社会変容の問題とリンクしている。武州世直し騒動は、剣術・農兵銃隊との関係から、上州世直し騒動と野州世直し騒動は、天狗党《てんぐとう》の乱《らん》後の北関東の社会情勢との問題から論じてみたい。

武州世直し騒動の経過

まず、慶応二年（一八六六）に発生した武州世直し騒動を紹介したい。幕末開港以後、全国的な物価高騰が続いていた。慶応二年六月七日から始まった幕府と長州藩との戦争＝第二次幕長戦争がこの傾向に拍車をかけ、さらに天候不順が襲い、養蚕にも悪影響が出てきていた。

武州世直し騒動は、武州西部の山間地域の村である秩父郡名栗村（現　飯能市）から始まった。名栗村には水田がほとんどなく、村人たちの多くは山稼ぎに従事し、米穀は山を下りた飯能宿から買い入れていた。開港以降の物価上昇および第二次幕長戦争の影響によって米穀値段は高騰し、名栗の人びとの窮乏は深まっていた。

慶応二年六月一三日、名栗村正覚寺の檀家《だんか》の者たちが、飯能宿の米穀商に対して米穀値下げを強談に出向く、との風聞が出た。同日夜、上名栗不動渕に大勢の人びとが集まり「平均世直将軍」と書いた旗を押し立てて、飯能宿をめざした。こうして、奥武蔵の山間村落から武州世直し騒動は始まった。村役人たちは騒動を阻止すべく飯能宿まで出向く一方、幕府の岩鼻陣屋へ通報した。

図10　現在の飯能川原（2010年夏）

一四日、上名栗・下名栗と人数を増加させ三〇〇人ほどになった世直し勢は飯能河原に結集すると、一気に飯能宿に駆け上った。彼らは、飯能宿で、酒屋八左衛門・堺屋又右衛門・板屋半兵衛・中屋清兵衛などの米穀商四軒を打ちこわしていった。

飯能宿打ちこわしののち、名栗村の百姓たちは帰村していったが、騒動は六月一九日までに関東西北部（多摩川流域〜上州藤岡）一帯に広がった。世直し勢は豪農・商を打ちこわし、さらに開港による物価上昇によって貧民が困窮する中、横浜貿易によって利益を拡大していた「浜商人」を襲撃していった。

多摩と北武蔵の地域では、世直し勢は抜

き身や鉄砲を携行する「悪党」の集団であり、手向かった村は放火され、村人は殺害される、という風聞が流れ、混乱と恐怖とが広がっていった。

一五日以降、多摩地域ではゲベール銃で武装した農兵銃隊が、世直し勢を殺害していった。北武蔵へ向かった世直し勢のうち、青山村（現 熊谷市）の根岸友山家（豪農・北辰一《ほくしんいっ》刀流《とうりゅう》の使い手・尊王攘夷《そんのうじょうい》家）を打ちこわそうとした一手は、根岸家の私兵によって殺害された。

一八日、秩父郡大宮郷（現 秩父市）に入った世直し勢は、自衛する村人たちによって攻撃され、同日上州へ向かった世直し勢は、岩鼻代官所の軍勢によって殺戮《さつりく》された。世直し騒動は農兵銃隊・自衛村落・幕府軍勢の暴力によって壊滅させられたのである。

武州世直し騒動に登場した「悪党」

武州世直し騒動に言及した多くの史料に、「悪党」との語彙を発見することができた。世直し騒動下における旗本・諸大名の動向を記録した「奥右筆手留《おくゆうひつ》」という史料には、世直し勢は「悪党」として記され、老中の指令などをまとめた「武州秩父辺農民徒党一件」という幕府の公的史料でも世直し勢は「悪党」であるとあり、さらにここには、世直し勢に無宿《むしゆく》・無頼《ぶらい》が参加している、と記録されている。これら以外の史料にも、「悪党」数千人が横行し人家を打ちこわしている、「悪党」に世直しへの参加を脅迫され村人が人足《にんそく》として連れて行かれた、といった記述が多く見られる。

これらの史料は、世直し勢を総体として「悪党」と表記し、また、博徒が騒動を企てたとの風聞も載せている。騒動を起こした者は博徒・「悪党」で、武器を使用し、放火もしているという風聞が武州地域に広がっていった。

世直し勢の得物《えもの》を詳細に検討した斎藤洋一さんは、世直し勢が武器を携行している、とする史料はすべて風聞に基づくものであったと述べている（斎藤洋一「武州世直し騒動のいでたちと得物」『学習院大学史料館研究紀要』一、一九八三年）。先に紹介した幕府の公的史料「武州秩父辺農民徒党一件」に掲載された、六月一六日付の旗本からの注進書には、世直し勢は窮民の格好で「山支度・農支度」であり帯刀の者はいないとある。ところが一方、同じ史料に収録された、入間郡坂下村名主らが騒動鎮圧後に作成した報告書には、世直し勢の中心人物は鎗・刀を携行していたと記されている。この齟齬をどう考えたらよいであろうか。リアルタイムで作成された旗本の注進書には信憑性があり、騒動鎮圧後作成された村からの報告書は潤色されていた、とも解釈できよう。わたしは、騒動勢が武器を携行している、という記述があること自体を問題にしたい。一八世紀に発生した百姓一揆・打ちこわしのありさまを記した史料――合戦譚《たん》のような物語も含む――には、およそこのような記述はないのである。

これを考えるにあたり再び、甲州騒動の際における国中《くになか》地域の村々の動向を振り返りたい。たとえば、河原部村・横手村などでは村人たちが打ちこわしの情報を収集し、また、騒動勢と交渉を行っていたことを思い出していただきたい。ところが一方、武州世直し騒動において、村々が世直し勢と交渉＝コミュニケーションを図ろうとした形跡はないのである。村人たちは、最初から世直し勢を博徒《ばくと》・「悪党」と見なしていたのである。そして、村々には剣術修練をつんだ個人や、ゲベール銃で武装し調練を受けた幕府公認の農兵銃隊が存在していたのである。わたしは、常態化された村の自衛力＝暴力装置の意味をもっとも重視したい。

村々の暴力

六月一五日、代官江川英武の手代井上連吉は、蔵敷村組合に対して農兵銃隊の出動準備を命じた。

一六日、江川の鉄砲方らが指揮した田無《たなし》村組合農兵銃隊が柳窪村（現 東久留米市）へと向かった。そのとき、世直し勢が棒・鎌などで手向かってきたとして、農兵銃隊はゲベール銃の実弾発射により、彼らを殺害していった。この結果、世直し勢八名が殺害され、数多くの手負いも出た。
一六日、江川の手代《てだい》増山健二郎は、日野宿組合・横山宿組合の農兵銃隊を指揮し、世直し勢を多摩川築地河原に追い込み、殺害・捕縛していった。史料には、世直し勢のうち一人が棒を振り回して増山に打ち掛ってきたため、やむを得ず、農兵銃隊に実弾を撃たせ殺害した、と記されている。

世直し騒動鎮圧後、江川は自己の支配下の農兵銃隊が柳窪村で世直し勢を殺害したことに関して、八人殺害、八人捕縛、死骸は検分ののち処分させた、と記している。この報告書で注目したいのは、江川が、世直し勢の暴力を過大に報告していない点である。ここでまた、甲州騒動との比較を試みたい。甲府代官井上十左衛門と江川英武の報告書における語り方を比べてみよう。両者ともに暴力発動の責任者である。井上は事実に反して、騒動勢が鉄砲を使用していたことを暴力発動の正当化として強調していた。これに対して、江川は暴力行使の結果のみを淡々と報告しているにすぎない。

江川は、最初から世直し勢を鉄砲などの武器を携行使用する「悪党」と見なしていたのであろう。多摩地域の農兵銃隊は、治安維持のため「悪党」を〝退治する〟公儀公認の武力として地域社会に生まれ、調練された集団であった。江川は暴力行為の正当化のために、世直し勢の暴力を必要以上に強調する必要などなかったのである。
甲州騒動から武州世直し騒動まで約三〇年、その間に地域の治安は悪化し、天狗党の乱が発生して、社会はさらに不安定となり、ゲベール銃で武装した農兵銃隊が生まれたのである。人びとの暴力への意識は変容していた。

村々にとっての農兵銃隊

六月一八日、世直し勢は「悪党」であり、手向かった村は放火され、村人は殺害される、世直し勢は鉄砲を所持している、といった風聞が広がった。繰り返すが、多摩・北武蔵の村々がみずから世直し勢の動向を調査し、情報を収集している様子を示す史料は確認できない。不正確な風聞のみが多摩・北武蔵地域を駆けめぐり、恐怖が醸成されていった。しかし、「悪党」が殺人や放火を実行したという史料は確認できないのである。

世直し勢は行動途中の村々に対して、人足を出さないと村中焼き払うぞ、と威嚇し、参加強制によって数を増加させていった。六月一四日、飯能打ちこわしの段階で三〇〇人ほどであった世直し騒動は、最大で一〇万人あまりにまで増加したとされている。

騒動に参加・荷担した場合、後日幕府から罰せられると予測した村役人たちは村落防衛の覚悟を固め始める。甲州騒動の場合と同様に、村々の暴力行使の準備は整えられようとしていた。しかし、武州世直し騒動の場合、村々が自衛のために直接、世直し勢を殺戮していったという事例は、冑山村（現　熊谷市）根岸家の私兵や、大宮郷での若者たちの他、ほとんど存在していない。

武蔵比企《ひき》郡古凍村（現　東松山市）では、数万の世直し勢に対して、村には飛道具はなく「竹鎗・鳶」ばかりなので、とても対抗できないと記した史料が残されている。この史料には世直し勢の得物など具体的な内容が書き上げられているが、古凍村は世直し勢の動向に関して正確な情報を収拾して、このように彼我の〝戦力〟の比較を行っているわけではなかった。「風聞」から推量したにすぎないのである。「風聞」から醸成された恐怖が独り歩きしていた。恐怖の中、古凍村は独自の防衛を無理であると判断し、農兵銃隊に加勢を願い出るのである。

古凍村以外にも、入間郡蔵敷村組合に含まれる日比多村（現　所沢市）のように、小村ゆえに世直し勢の酒食の強要にあっては村存亡の危機になるとして、田無村組合農兵と蔵敷村組合農兵に援兵を願い出ていく村もあった。

地域社会における農兵銃隊のあり方がここに象徴的に現されている。村々はみずから情報を集めたり、世直し勢とコミュニケーションを図ることもせず、農兵銃隊に自村の防衛を任せていったのである。

柳窪村での殺戮場面をもう一度確認したい。江川鉄砲方附教示方田那村淳・長澤房五郎らは、田無村組合農兵銃隊一六名に村役人・人足約一五〇人を合わせ、世直し勢を攻撃させた。史料には、殺戮・捕縛の様子が詳細に記されている。「身命《しんめい》」も惜しまず働き、世直し勢を殺害していったのは、総勢約一六〇名のうち、農兵銃隊一六名と村役人・「強壮」のものなど総勢三六名だけであった。他の一〇〇名以上の村人は、何ら手出しすることなく、この殺戮の空間を遠巻に見物していたのである。

ここまで分析して見ると、村々における暴力の様相が、甲州騒動と世直し騒動とで大きく変容していることがわかる。慶応期の多摩地域の村々は、「悪党」に対し暴力を行使することを前提として組織され、訓練を積んだ農兵銃隊という戦力を有した。村々の暴力は日常的生活の場から隔離され、農兵銃隊に収斂されたのである。農兵銃隊は村人から編成されたが、村人すべてが農兵銃隊のメンバーになったわけではない。農兵銃隊に参加した村人（多くは若者）は訓練を受け、旗を揚げ、ゲベール銃を担ぎ、ユニホームに着替えることによって暴力の担い手となっていく。彼らに暴力への逡巡は見られない。また一方、農兵銃隊に暴力を委ねることによって、村々は総体として暴力に手を染めることから免れ、集団暴力の持つ、いわば〝後味の悪さ〟からも逃れることが可能となり、村という慣習社会を維持していけたのである。

こう述べると、農兵銃隊に参加した若者たちは、単に幕藩領主の軍事力の補塡、村の防衛の駒＝暴力装置でしかなかったのか、と思われるかもしれない。わたしは、そう単純ではないと思う。蔵敷組合農兵の調練は、頻繁に行われ、若者たちはこれに積極的に参加していたことが史料からうかがえるのである。単なる駒＝暴力装置として位置づけたのでは、彼ら若者たちの主体的側面は理解できない。

とは言え、農兵銃隊に参加した若者たちの心性を見出すことは史料的に難しい。無理を承知であるが、大正時代の、それも聞き書きの史料から一端に迫ってみたい。大正一四年（一九二五）、築地河原の殺戮に参加した人物＝彦右衛門の体験談をまとめた「今昔備忘録」という史料が残っている。彦右衛門は、若き日の「勇ましい」行為の記憶を息子に語り、息子がこれを聞き取り記録していた。以下は、築地河原における世直し勢殺害の様相である。

毎日激剣の訓練をしてきた農兵銃隊は、ゲベール銃の一斉射撃をした。そのあと、剣鎗隊が逃走し「抵抗するものなき」世直し勢を追撃していった。世直し勢は放火して財貨盗む「暴民」であった。村役人たちは、この様子を遠巻きに見ていた。彦右衛門は「大刀」をもって世直し勢を殺害していった。

彦右衛門の語りの中には、後ろめたさはない。彼ら農兵銃隊は村々を防衛する幕府から公認された戦力であり、彼らにとって、世直し勢は放火・盗みをする「暴民」なのである。

見知らぬ者か「面体見知り之もの」か

柳窪村で農兵銃隊に殺害された八人のうち、一人は南秋津村（現　東村山市）の者であり、柳窪村の百姓たちにとっては他所者であった。また、五日市村で農兵銃隊に捕縛・殺害された世直し勢の多くは距離を隔てた他村の百姓たちであったという。

一方、熊谷宿・大宮郷での打ちこわしの様子を記した史料には、世直し騒動は、隣村の「面体見知り之もの共」によるものであり、顔見知りの百姓を殺したのでは、のちのちまで遺恨が残る、とある。これこそが、容易に正当化しきれない、事後の〝後ろめたさ〟という集団暴力の心性である。

柳窪村で世直し勢を殺害した蔵敷村組合農兵銃隊は、雨（夕立か）の中、世直し勢に対してゲベール銃を一斉射撃した。彼らは世直し勢の一人一人を目視し確認して射撃を行ったのではない。そもそもゲベール銃は命中精度が低く、単独対象を狙撃することには不向きで、大勢を薙ぎ倒すことが目的の兵器であった――百姓の持つ鉄砲の意味を研究している中西崇さんのご教示よる――。主体的に暴力の担い手となった農兵銃隊の若者たちにとって、世直し勢が見知らぬ者か「面体見知りのもの」か、といったことは問題ではなかった。自分たちは、幕府から公認され、村を防衛する義務があり、世直し勢は、村を襲撃する「悪党」なのであるから。

農兵設置に反対する村々

武州世直し騒動が沈静化したのち、川越藩領で興味深い事件が発生した。農兵銃隊が騒動鎮圧に有効であると認識した川越藩は、慶応二年（一八六六）七月二六日、藩内において一八五名もの農兵取り立てを企図した。しかし、領内の村々はこれに反発、慶応二年（一八六六）八月二〇日、農兵取り立て許否の結集を行い、藩への強訴《ごうそ》を決行したのである。これは川越藩農兵反対一揆と呼ばれている。川越藩領の村々すべてが、農兵・農兵銃隊という暴力装置設置に反対であった。

川越藩領の村々の場合、農兵維持費用が村に課せられることが主な反対理由であった。訴状の中で、「悪党」に対する防衛は村々が独自に手抜かりなく行うので、農兵は必要ないとしている箇所は注目に値する。

また、川越藩の記録には、長州などへの遠征に動員されては「もってのほかの難渋」であると、村々が反対しているとある。川越藩は、農兵を幕府と長州藩との戦争にも動員しようと画策していたのである。これに対して、川越藩の村々は、武士たちの内戦になど動員されるのはまっぴらだと答えている――この百姓たちの心性に関しては、次の上州世直し騒動の際に考えたい――。

ここまで見てくると、川越藩領と多摩地域の幕領（江川支配地）との相違が気になる。川越藩独自の問題として、先述したようにこの藩は慢性的な財政難で、収奪がきつい藩であったという事実がある。百姓たちにとって、農兵設立は新たな負担増加・収奪強化に他ならなかった。川越藩領の村々は「悪党」に対しては自衛を行う、と宣言していた。藩への信頼、期待などはまったくない。村々、百姓たちが主体となり地域自衛のあり方を決定しようとしていたのである。結局、川越藩は農兵取り立てを実行することはできずに明治維新を迎えることとなる。

幕藩領主を襲撃する上州世直し騒動

拒絶された農兵取り立て

天狗党の乱により、関東取締出役や中小の譜代藩の軍事力では、もはや北関東地域全域の治安は維持できないことが露呈された。上州地域では、治安悪化が深刻な問題となっていく。文久三年（一八六三）、幕府岩鼻陣屋（現 高崎市）支配下の豪農たちは、武術稽古場の新設を岩鼻陣屋に願い出た。上州地域の豪農たちもみずから治安対策に乗り出していったのである。個人による武術稽古＝暴力修得という形で。

同じ時期、幕府は上州地域の幕領を対象に農兵取立を計画し、その前提として百姓の武芸禁止を解除した。文久四年、関東取締出役中山誠一郎は、「悪もの」が徒党をなして狼《ろう》藉《ぜき》に及んでいるので、これに対抗するために農兵取り立てを行う、として若者たちの武術稽古を奨励した。文久期における村落の武装と、農兵取立の動向は、多摩地域だけの動向ではなかった。しかし、その内実はまったく相違したものとなっていく。

　武州世直し騒動は、上州地域にも波及した。幕領の治安、とくに幕府権威の象徴である代官所＝岩鼻陣屋の警備は、幕府にとって重要な政治課題となった。慶応二年（一八六六）一二月、幕府陸軍奉行並勘定奉行小栗上野介《おぐりこうずけのすけ》は、私領の村を上知《あげち》して岩鼻陣屋直属支配の村落に編成し、これを基盤に農兵取り立てを図り、岩鼻陣屋の脆弱な軍事力を補塡しようと企図した。しかし、政治状況は一挙に討幕へと加速し、慶応四年、鳥羽《とば》・伏見《ふしみ》の戦をきっかけに戊辰戦争《ぼしんせんそう》が始まった。小栗上野介は徹底抗戦を主張したが罷免《ひめん》された。上州地域は、中山道《なかせんどう》からの新政府軍進行ルートとして想定されていた。事実、新政府軍の先遣隊である赤報隊《せきほうたい》はこのルートを進軍して来ることになる。

　一月一五日、抗戦論者小栗上野介配下の関東取締出役渋谷鷲郎（天狗党処刑に立ち会った人物）は、想定されるであろう新政府軍との戦闘に備えて、ゲベール銃で武装させた農兵銃隊の取り立てを急いだ。調練、その他の費用は村が負担するというプランである。上州地域で結成されようとしている農兵は、地域の治安対策ではなく、幕府の軍事力として編成され、対新政府軍との戦闘（武士同士の内戦）に導入されようとしていたのである。これに対して、上州の村々は費用が嵩むことと、さらに戦死を恐れて、この計画に猛反対していった。

渋谷鷲郎から因果を含められ、立場上、農兵取り立てに協力せざるを得ない村役人たちは、「戦死した場合は、遺族に見舞金を一〇〇両支払う」「戦闘に出動した場合、給料を規定の二倍出す」「凱旋《がいせん》した場合は褒美を一〇〇両出す」などの提案を出し、村々を説得してまわった。しかし、百姓たちはあくまで反対であった。渋谷鷲郎は「反対するものは首を斬る」とまで強硬な意見を述べていた。一方、高崎藩は支配下の村々に、農兵など拒絶してかまわないと示唆し、旗本の中にも消極的態度を取る者がいた。農兵取り立ての総元締とも言うべき小栗上野介は、政治の舞台から降り引退していた。農兵取り立ての直接の命令は関東取締出役から出されていたのである。譜代藩・旗本から見れば、たかが出役ごときが、という侮りもあったであろう。

二月四日、百姓たちは渋谷を「打殺」とまで激高した。自分たちの利益にならない武士たちの戦闘＝内戦などには参加したくない、というのが上州村々の生の声である。

先述したように、天狗党の乱の際、自己実現を夢見て主体的に天狗党に参加し死んでいった若者たちがいた。幕末、上州地域でも尊王攘夷運動は盛んとなっていた。ゆえに、上州の村々が新政府軍に敵対する幕府農兵への参加を拒否したのであろうか。わたしはそうは思わない。人が自ら命をかけるには理念と理想が必要である。理念も理想もなく、村落防衛の名分もなく、武士相互の戦闘＝内戦の消耗品にされてたまるか、というのが彼らの言い分であろう。上州の百姓たちは岩鼻陣屋と小栗上野介・関東取締出役渋谷鷲郎を憎み、さらに彼らに協力した村役人たちに憤りを抱いていく。

慶応四年二月一八日、岩鼻陣屋を支配していた関東郡代木村甲斐守《かいのかみ》勝教が急遽罷免された。そして翌日、新政府軍が中山道《なかせんどう》碓氷《うすい》峠《とうげ》を占拠したとの風聞が広がっていく。すると、あろうことか、岩鼻陣屋の役人たちは陣屋を捨て江戸へ向かい逃走してしまったのである。強硬な農兵取り立てを行おうとしていた渋谷も出奔してしまう。何ということか、新政府軍が迫る中、上州地域は権力の空白地帯となってしまったのである。上州世直し騒動は、このような政治的大混乱、「官軍」来襲、戦争勃発の恐怖の中で発生した。

西上州を席巻した世直し騒動

慶応四年二月二二日、西上州の多胡《たご》郡神保村（現 高崎市）辛科《からしな》神社の境内に一〇人ほどの百姓たちが集まった。彼らは、岩鼻陣屋関東取締出役渋谷鷲郎に協力して農兵取り立て計画に参与した村役人たちを弾《だん》

図11　辛科神社境内（高崎市高松町所在）

劾《がい》し、さらに開港以降、小前百姓たちが物価上昇に苦しんでいる中、富を拡大した質屋・米穀商人を襲撃し、質地証文・借金証文を破棄することを目的として結集した。上州世直し騒動が始まった。

二三日、再度辛科神社に集結した世直し勢は、およそ一〇〇〇人にもふくれあがり吉井宿に向かった。ここには、吉井藩（二万石）の陣屋が置かれており、藩の鉄砲隊が宿を防衛していたため、世直し勢は吉井宿を迂回し西へ向かおうとした。ところが、何を思ったか吉井藩鉄砲隊が発砲してきたのである。世直し勢は逃げ去るどころが激怒し、吉井宿に反転、商家八軒を打ちこわし、吉井陣屋襲撃の様相を見せた。すると、今度は何と、吉井藩は世直し勢に謝罪を申し入れたのである。吉井藩が世直し勢に屈服したとの情報は、西上州地域に広がっていった。

吉井宿打ちこわしののち、世直し勢はさらに西に向かい、富岡・下仁田《しもにた》を襲撃する組と、東の藤岡・新町を打ちこわす組とに分かれた。富岡では、山伏《やまぶし》であるが質屋を営み因業な商売をしているとされた福寿坊が襲われ、酒造家も打ちこわされた。

二五日、西へ向かった世直し勢は、七日市藩（一万石）の陣屋を包囲した。七日市藩の役人は世直し勢の頭取と交渉、その際、世直し勢は藩御用商人中野屋を打ちこわすつもりであると主張した。すると七日市藩は、藩の手勢で中野屋を打ちこわすから、世直し勢は手出しをせず見物するようにとして、本当に中野屋を取りこわしたのである。幕藩領主自らが、御用商人を打ちこわすなど、一八世紀の百姓一揆・打ちこわしではあり得ない。驚愕すべき事態となった。

同日、世直し勢は小幡藩（三万石）の御用商人をつとめる甘楽《かんら》郡国峰村（現 群馬県甘楽郡甘楽町）の名主《なぬし》宅を襲撃した。小幡藩役人が出張ってきたが、この打ちこわしを止めることはできなかった。

その後、世直し勢は面白い行動に出ている。一の宮の遊郭《ゆうかく》を襲撃し、遊女を解き放したのである。世直し勢は女性解放のヒーローであろうか。まさか、そう短絡な見方はできない。彼らは、同時に質屋を襲撃して借金証文を破棄している。質物返還、これこそ彼らが唱える世直しである。遊女もいわば借金で身を縛られた「質物」と意識されていたのであろう。ヒューマニズムといった近代的視座からでは理解できない心性である。

二四日、富岡に至った世直し勢は質屋などの家屋に放火した。これによって隣接した貧民の家まで類焼してしまった。さらに西に進んだ世直し勢は下仁田（現 群馬県甘楽郡下仁田町）で質屋を襲い、質物の無償返還に応じさせ、米の安売り要求を行うべく、内山峠を越えて信州佐久地域に入っている。信州地域に上州世直し騒動の影響が広がり、明治初年には西牧騒動が発生する。

二月二四日、吉井宿打ちこわしののち、東に向かった世直し勢は藤岡に入り、豪農・商を打ちこわし、幕府岩鼻陣屋による農兵取立に賛同した村役人たちを襲撃、惣代を辞任させている。

二八日以降、世直し勢は藤岡から南方にあたる山中領（幕領）の入り口の鬼石へと進んだ。三月九日、彼らは鬼石の豪農を打ちこわしつつ、質屋を襲撃し質物無償返還を強要していった。二五日には、吉井宿打ちこわしの影響を受け、北に位置する安中宿・板鼻宿周

図12　街道から見る東善寺（高崎市倉渕町所在）

辺でも打ちこわしが発生した。

　三月に入ると、一〇〇〇人ほどの世直し勢が、榛名山《はるなさん》南麓前橋藩領の金古《かねこ》宿（現　高崎市）を襲撃、質屋で質物無償返還などを強要しつつ、豪農・商を打ちこわし、三国《みくに》街道を北上して渋川にまで至った。

　三月四日、驚くべき事件が発生する。無宿人に指揮された二〇〇〇人ほどの世直し勢が、何と小栗上野介が隠遁《いんとん》した群馬郡権田村東善寺を包囲・攻撃したのである。小栗が農兵設立の最高責任者であり、また、上州地域の特産物である生糸《きいと》生産に運上《うんじょう》金を負荷し、さらには多額の軍資金を隠している、といったことが襲撃理由であった。世直し勢は実によく情報を集めていた。彼らは、鉄砲を発砲する小栗によって撃退されてしまうのであるが、無宿を含む武装した世直し勢が、幕藩領主を襲撃し戦闘に及んだのである。前代未聞の出来事と言えよう。新政府軍来襲の中、幕府の「御威光」など霧散している。

三月五日・六日の状況を示す豪農の日記には、幕府によって鎮圧が行われないため、「悪党」が良民を誘い、打ちこわしをはたらいている、との記述が見られる。先述したように、関東取締出役渋谷鷲郎ほか、幕府岩鼻陣屋の支配役人らは逃亡していた。さらに七日市藩・小幡《おばた》藩など三万石以下の小藩は、支配地域を防衛することを放棄して世直し勢に屈服した。象徴的な出来事はやはり、世直し勢が小栗上野介の居宅を襲撃したことであろう。西上州一帯の既存の権力は崩れ去った。そして、世直しの勢の跳梁する空間＝〝万人の戦争状態〟となったのである。

東上州・北上州にも広がる世直し騒動

西上州の世直し騒動とは別の動きとして、慶応四年（一八六八）三月二日頃から、佐位郡小保方（現　伊勢崎市）の百姓たちが徒党を組み始めた。さらに八寸村の百姓は、地元の権現山に登り、竹ぼらを吹き鳴らし、近郷の百姓たちを六〇〇人ほど結集、三室村の豪農を襲撃し、施米《せまい》を強要していった。利根川以東の上州（東上州）でも世直し騒動が始まった。

三月一一日、伊勢崎周辺の村々に世直し廻状が出た。百姓たち数百人が結集し、那波郡連取村（現 伊勢崎市）の質屋を襲撃し、質物の無償返還、借金証文の破棄などを約束した証文を出させた。

東上州の世直し騒動でも、無宿人が頭取になっていた。一四日、足尾銅山街道《あしおどうざん》を北上した世直し勢は桐生《きりゅう》新町に入り、桐生陣屋（出羽《でわ》松山藩）の牢に繋がれていた無宿人国を釈放させ、彼に「世直し大明神」の旗を持たせ、豪農・商たちを打ちこわしていった。太田地域に残された史料には、「無頼・悪党」が、豪農・商を打ちこわし、放火・乱暴を行ったと記されている。

桐生新町で世直し勢の頭取が殺害された。幕藩領主は大砲などの武器を使用し、陣屋役人に指揮された町人たちは鉄砲・竹槍などで世直し勢を攻撃して、頭取一人を殺害し首を斬ったのである。この殺害された頭取は、「腕ニホリもの」があり、白・黄色のはちまき、白のたすきをしめ、鑓《やり》・脇差《わきざし》を携えていた。彼も無宿・博徒であろうか。

慶応四年（一八六八）二月二五日から、沼田地方でも「世直し大明神」と書かれた書面が吾妻郡須川宿の問屋兼本陣に投げ込まれ、三月二日から世直しと称する打ちこわしが始まったが、詳細は省きたい。

三月六日、ついに新政府軍が上州に入った。八日、高崎城に入った東征軍総督府は、小栗上野介を処刑、旧来の幕府権力を駆逐し「上野国村々百姓共へ」という布告を発した。占領軍として関東地域に入った東征軍総督府は、「民が貧困になったのは、幕府の政治が悪かったのである」「願い事がある場合には総督府に訴えるように」「ただし騒動はゆるさない」と人びとに語りかけていった。〝万人の戦争状態〟の中、新政府軍がいわば新たなリバイアサンとして登場し、上州地域の世直し騒動は鎮静化していったのである。

上州世直し騒動の沈静化

鬼定・鬼金という頭取

上州世直し騒動では、さすが上州、博徒の本場、と納得できるようなおもしろい人物が登場している。自称鬼定・鬼金という二人の頭取である。群馬県で高校教員を勤め、上州地域の社会経済史・百姓一揆、幕末の政治動向、そして世直し騒動を研究し続けた故中島明さんは、彼ら二人を、脇差を帯び、博奕を渡世《とせい》とする無宿であり、無頼の悪徒であったと紹介した（中島明『幕藩制解体期の民衆運動』校倉書房、一九九三年）。鬼定・鬼金は、参加強制の廻状を村々に出し、鉄砲を持参して集まるようにとアピールしていたのである。

先述したように、上州世直し勢は、小栗上野介が隠遁した群馬郡権田村の東善寺を攻撃した。東上州では、「悪もの」として殺害された頭取は、鑓・脇差を身に帯びていた。上州の世直し勢は鉄砲などの武器を携行使用し、家屋にも放火していたのである。

野州世直し騒動にみる「悪党」と「降参」

治安の悪化と浪人たち

一九世紀、他の関東地域と同様、野州《やしゅう》地域の治安も悪化していた。しかし、以下に見るように、野州独特の社会情勢もあった。これを少し時代をさかのぼって確認しておきたい。

文政期頃から、野州地域の村々は、集団化し徘徊する「浪人」たちによる金銭の強請《ゆすり》・たかりに苦しんでいた。在地に残された史料には「浪人」と表記されているが、彼らの実体は、改易《かいえき》などで発生する武士に身分的起源をおく浪人（牢人）とは限らず、農民なども含む雑多な者たちであった。いずれにしても「浪人」と表現されるからには、刀を携行しているという視覚的特徴を有していたのであろう。

「浪人」の強請に苦悩した野州の村々は、彼らに金銭――「浪人留料」と呼ばれた――を渡すことによって、村への立ち入りを一定期間拒否する、仕切契約を結び始めた。野州の村々は、幕藩領主の治安能力をまったくあてにしていないのである。

川田純之さんの研究によると、社会的には強圧的・暴力的と見られる「浪人」たちであるが、彼らはつねに合力銭《ごうりき》の確保に腐心しなければならない漂泊の者であり、「浪人」にとっても仕切契約は、合力を求めて当てのない廻村から解放される利点があったとされる。この仕切契約には「引受人」と呼ばれる地元の仲介者が存在していた。彼らの多くは宿場の旅籠《はたご》経営者であった。また、「浪人」側にも集団を統制できるリーダーが生まれなければ、このような契約関係は維持できない。離合集散を繰り返す「浪人」であったが、「関東浪人」「奥州浪人」と呼称されるグループも形成され、たがいに合力銭を得る縄張りをめぐって対立・抗争していったことがわかっている（川田純之「徘徊する浪人の実態とその社会」『栃木県立文書館研究紀要』創刊号、一九九七年）。

「浪人」集団内に秩序が生まれ、「作法」まで作られたとしても、村々にとっては、しょせん他者（村外の暴力集団）である。村々は「浪人」相互間の抗争＝暴力がいつ何時、自分たちに向かってくるか、と恐怖したに違いない。他の関東地域と同様に野州地域の治安も確実に悪化していた。

天保期以降、地域の治安が悪化し、幕藩領主への恩頼感が低下する中、武州の村々では、自衛のために、個人による剣術稽古が始まっていたことは何度も触れてきた。同じ頃、野州の村々では、「浪人」による治安悪化を経験するも、村々は暴力による自衛という選択ではなく、仕切契約というコミュニケーションに基づく危機回避の方法を選択していたことは興味深い。

ところが、この野州地域の村々も自衛の必要性に迫られていく。そのきっかけは、前に述べた天狗党の乱であった。

野州地域の農兵隊

元治元年（一八六四）、天狗党の強請・たかりと暴力とに蹂躙《じゅうりん》された野州地域では、事件ののち、各地で農兵設置の動きが始まった。

野州中央部から西部にかけての河内郡・都賀郡の秋田藩領では、鉄砲（火縄銃）を装備した農兵隊が組織され訓練が行われ、慶応三年（一八六七）、都賀郡の佐倉藩領では、村役人層を中心にして農兵隊が結成され、鹿沼地域の旗本領でも農兵の組織化が進んだ。西部地域では慶応四年に至り、足利藩によって農兵＝誠心隊が組織された。このように野州地域では、天狗党の乱の経験から、個別領主が各個に、火縄銃と刀槍で武装した農兵隊を組織し、これに村々が参加していったのである――誠心隊は洋式鉄砲を装備していた――。

「出流天狗」の跳梁とよみがえる恐怖

開港後、野州地域も物価上昇などの経済変動に見舞われた。慶応二年（一八六六）五月、鹿沼宿では米価高騰を背景に豪農・町役人宛に米の安売りを要求した張札騒動が起こり、八月には、山間村落である永野村・粕尾村（現　鹿沼市）の百姓たちが穀物の安売を要求し、栃木町の豪商を襲撃する米騒動が発生し、今市宿《いまいち》（現　日光市）でも打ちこわしが起こった。翌慶応三年正月、鹿沼宿で大規模な打ちこわしが発生し、二月には矢板村（現　矢板市）で、無宿らが豪商嶋屋徳兵衛家らを襲撃した。八月に入ると、興野・宮原村（現　那須烏山市）の百姓一〇〇人ほどが烏山城下に押し寄せ、穀商を打ちこわす騒動が起こっていた。慶応期、天狗党の乱によって物心両面で荒廃した下野《しもつけ》地域に、開港の経済変動が加わった。下野地域の社会不安は高まり、各地で連続的に打ちこわし・騒動が発生したのである。

慶応三年秋以降、尊王攘夷運動は薩摩藩の影響の下、討幕運動へと傾斜し始め、関東地域にも影響を及ぼすようになった。このような情勢下、一一月二七日、武州川越の豪農出身の竹内啓を隊長とする「官軍先鋒薩州藩出流山《いずるさん》糾合方本隊」が下野出流山に挙兵した。野州地域には天狗党の乱の傷跡が残っている。地元ではこの竹内ら一隊を「出流天狗」と呼称し恐れたという。事実、「出流天狗」は、地元から参加した大谷刑部らを中心として豪農を脅し、金銭・武器を強奪していた。野州地域は再び、暴力の波に襲われる。

慶応三年一二月一一日、「出流天狗」たちと幕府軍・佐野藩兵との戦闘が行われ「出流天狗」は潰走、竹内ら多くが捕縛、処刑されていった。関東の地域社会にとって、出流山事件の重要性は、下野から七七名、上野から二五名の豪農・農民・博徒が参加していた点にある（高木俊輔『明治維新草莽運動史』勁草書房、一九七四年）。判明している人物の一部を、以下簡単に紹介したい。興味深いことに、上州博徒の大親分国定忠治の遺児大谷国次も参加していたのである。

隊長　竹内啓…武州川越在の豪農
副隊長　会沢元輔…薩摩藩脱藩、下野安蘇郡石塚村居住
副隊長　山本鼎…伊勢亀山藩脱藩、下野国都賀郡寺尾村居住
祐筆兼勘定　安達幸太郎…越後新発田藩脱藩、下野安蘇郡石塚村居住
目付役　大谷国次…国定忠治（上州博徒）の遺児、出流山の僧侶
軍師格　高橋亘…上野佐位郡来島村の豪農
出流玉砕隊隊長　川田吉太郎…下野都賀郡永野村の豪農

このように、「出流天狗」のリーダー格の多くは、下野に居住する豪農・脱藩士であり、地元に顔の利く彼らは、下野の農民・豪農の若者を多く勧誘していた。慶応期、関東地域とくに野州では、討幕という政治の渦が回り始め、人びと（多くの場合若者）は行動し始めたのである。しかし、先に紹介したリーダーをはじめ、彼らの多くは、戊辰戦争以前に幕府によって捕縛され殺されていったのであった。

天狗党の乱・出流山《いずるさん》事件という政治的混乱・暴力状況が続く下野地域は、さらに大きな内戦＝戊辰戦争《ぼしんせんそう》に巻き込まれていく。

下野戊辰戦争

戊辰戦争に関しては、鳥羽《とば》・伏見《ふしみ》の戦や会津戦争・箱館《はこだて》戦争といった戦闘が著名であり、次によく知られているのは上野戦争・長岡戦争ではなかろうか。これらの局地戦は、小説・ドラマでも多く取り上げられている。しかし下野全域が戦争状態（下野戊辰戦争）となった、という事実はあまり知られていない。

近世・近代の下野地域史を研究している大嶽浩良さんがヴィジュアル的に著した『下野の戊辰戦争』（下野新聞社、二〇〇四年）によって、わたしたちは下野戊辰戦争の詳細を理解することができる。以下、大嶽さんの研究に導かれながら、この戦争の概要を紹介しておきたい。

慶応四年（一八六八）二月、江戸城開城後、脱走した旧幕府歩兵部隊約九〇〇人は、出羽庄内藩をめざして北に向かい、下野梁田宿《やなだ》（現　足利市）に入った。三月九日、新政府軍は梁田宿に宿泊した旧幕府歩兵を攻撃した。下野戊辰戦争は、この梁田の戦いから始まった。

四月一六・一七日には小山の戦いが、四月一九日から二三日には激戦となった宇都宮戦争が起こった。旧幕府軍総裁大鳥圭介《おおとりけいすけ》や、もと新選組副長土方歳三《ひじかたとしぞう》が指揮する旧幕府軍約二〇〇〇人は新政府軍におちた宇都宮城を奪うべく作戦行動を開始し城下に放火したため、町のほとんどが焼け落ちてしまった。

その後、戦闘は下野北部山間地域に移動し、九月二七日まで、日光山麓・瀬川十文字の戦い、今市攻防戦、大田原城の戦い、藤原の戦い、船生の戦い、三斗小屋・横川の戦い、片府田・佐良土の戦いなど局地戦が展開された。

下野全域で連続して戦闘が連続し、民衆もこの戦争に巻き込まれたのである。そして、このような内戦の渦中に、下野の百姓たちは野州世直し騒動を起こしたのである。

内戦渦中で発生する野州世直し騒動

幕末の政治的・社会的混乱による助郷《すけごう》負担増大と宿問屋の不正、そして下野戊辰戦争という内戦を直接の原因として、慶応四年（一八六八）三月から四月にかけて、野州各地で打ちこわし・騒動が発生した（野州世直し騒動）。「慶応四年四月下沢村小前世直し衆要求一件書留」という史料には、「一つ橋将軍公廃軍」となったため「諸国村々百姓共騒立打毀し」が起こっている、と記録されている。野州地域の人びとは、江戸幕府の崩壊が世直し騒動のきっかけになったと認識していたのである。

慶応四年三月、東上州（木崎宿周辺）で発生した打ちこわしが桐生《きりゅう》・足利町に波及した。百姓たちは騒動の際に「世直し」と叫んでいたという（深谷克己『増補改訂版百姓一揆の歴史的構造』校倉書房、一九八六年）。足利藩が騒動鎮圧に乗り出す一方、先述した農兵隊＝誠心隊も、世直し勢を攻撃していった。誠心隊は、豪農・商層を母体とした組織であったため、自己の財産を守る意識から、積極的に世直し勢を鎮圧していったと考えられる。

三月下旬に入ると、宇都宮城下など日光例幣使街道《れいへいしかいどう》沿線、つまり野州中心部である河内郡地域において世直し騒動が始まった。三月二九日、安塚大日山（現 栃木県下都賀郡）に百姓六〇～七〇人が結集し、安塚村を打ちこわしていった。この打ちこわしが、河内郡・

芳賀《はが》郡・都賀《つが》郡に、連続的に拡大していった。

同日、日光街道石橋宿では人馬継立に関する不満から近隣の百姓が結集し、石橋宿・雀宮の豪農を襲撃した。世直し勢の一部は鹿沼方面へ向うが、多くは宇都宮城下へと押し寄せていった。鹿沼地域では、放火の威嚇を持つ張札＝火札が行われ、そこには「世直し大明神」と記されていたという（深谷克己、前掲、一九八六年）。

四月一日、鬼怒川西岸（現 宇都宮市東部）の桑島村・石井村でも世直し騒動が発生した。世直し勢は宇都宮南の西川田村に向かい、郷村取締役青木周蔵家を襲撃し、下戸祭村では名主大淵佐左衛門を打ちこわした。

同じ頃、野州東部の益子《ましこ》町・真岡《もおか》町などを含む芳賀郡でも世直し騒動が始まっていた。幕領の真岡町には代官所が設置されていたが、内戦の危機が迫る中、何と真岡代官は逃亡してしまった。四月四日、権力の空白状態の中、世直し勢は真岡町の質屋などを打ちこわし、代官不在の真岡代官所も襲撃した。

真岡地域の世直し騒動は、近隣の飯貝・上大田和・東水沼などにも波及したが、黒羽《くろばね》藩が農兵隊を配置して鎮圧に乗り出し、四月九日には、真岡町を占領した新政府軍が徹底的な弾圧を行っていった。

三月下旬から四月上旬にかけ、野州南部の下都賀郡小山宿周辺で、さらに安蘇郡佐野町周辺で、それぞれ「世直し大明神」の旗を掲げた世直し騒動が発生した。この動向の詳細は省き、世直し騒動がもっとも過激となり、下野戊辰戦争の焦点ともなった河内郡、宇都宮城下周辺の様相に視線をもどしたい。

四月三日、河内郡から行動開始し、次第に人数を増した世直し勢は、宇都宮城北方の八幡山に集結した。その人数は三万人と言われている。彼らは、宇都宮城下に押し寄せ、城下防衛のため出動した宇都宮藩兵と衝突した。宇都宮藩兵が世直し勢に発砲したため、世直し勢は二手に分散してしまう。このうち一手は北東の塩谷郡氏家宿・桜野村へ向かい、豪農らを打ちこわし、もう一手は、鬼怒川西岸を北上し、小倉・今里村から西南へ向かい、日光街道徳次郎宿の豪農を襲撃し、さらに参加動員を行いつつ河内郡新里村・岩原村・古賀志村に進んだ。

その後、鹿沼宿に入った世直し勢は、追撃してきた宇都宮藩兵によって、死者を出すなど壊滅的な打撃を受けた。こうして、野州世直し騒動は宇都宮藩など幕藩領主および新政府軍によって各地で鎮圧され、四月半ばには終息した。

村の外から迫る「悪党」

武州・上州の世直し騒動と同様に、野州世直し騒動にも「悪党」と呼ばれる集団が登場していた。鹿沼宿周辺の打ちこわしのありさまを記した史料には、百姓たちが「悪党」の誘いに乗り、大胆不敵のことを言い、大勢で行動している、と記されている。百姓を煽動する集団が「悪党」と認識されていたようである。また、世直し勢の頭取は博徒のようであり、刀・鎗を携行している、さらに、騒動勢が人を殺していると表記した史料もある。

幕府が瓦解《がかい》し、内戦の危機が迫る中、世直しを掲げ、放火・打ちこわしの威嚇を行いつつ、実力により「上下無」の状況を創り、金穀の強制施行を実現させる集団は、村々にとって「悪党」にほかならなかった。

慶応四年（一八六八）四月、新政府軍は「無頼之悪党」＝世直し勢が豪農・商に施行を強要し放火をしているが、これは「天朝」への敵対行為である、という内容の布達を野州地域の村々に出した。そして、真岡に到着した新政府軍は世直し勢の捕縛を始め、本当に頭取たちを処刑していったのである。

さらに新政府軍は、村々に対して「悪党」が手にあまった場合は、切り捨ててもかまわないとも命じていた。この語りは、かつて文久期に、関東取締出役が関東地域の村々に発令した「触《ふれ》」とみごとに一致している。幕府にしろ新政府軍にしろ、支配権力が地域秩序を乱す集団を「悪党」とし、彼らの殺害を村々に許可していたのである。

「降参」という知恵

ここまで見てくると、野州世直し騒動の様相も、武州世直し騒動・上州世直し騒動と類似していると言える。ところが、野州では他の地域には見られない、注目すべき動きがあった。鹿沼宿周辺の打ちこわしの際、世直し勢約四〇〇人に対して、武子村の豪農新左衛門が、酒飯を供応して「降参」を申し入れたのである。その際、「降参証文」という文書が作成された。文面には「降参」という文言がしっかり記されている。

打ちこわしの際に、豪農が、打ちこわし勢に酒食を振る舞うことはよくある。しかし、この行為を「降参」と認識し、さらに証文まで作成するなど、他の地域では見られないものである。これは、暴力を避け、打ちこわし被害を最小限におさえるための豪農らの知恵と言えよう。

三つの世直し騒動の比較

最後に、慶応二年（一八六六）の武州《ぶしゅう》世直し騒動、慶応四年の上州《じょうしゅう》世直し騒動・野州《やしゅう》世直し騒動、これら三つの世直し騒動を比較しておきたい。

「悪党」とされた世直し勢

武州世直し騒動の際、世直し勢は「悪党」とされ、農兵銃隊に殺害されていった。ところが史料からは彼らの具体像＝〝顔〟は見えてこない。先述したように、史料からは「悪党」が放火や暴力を行使していた様子は伺えない。上州世直し騒動と野州世直し騒動でも、やはり世直し勢は「悪党」とされた。史料には刀などの武器を携行した無宿《むしゅく》・博徒《ばくと》が頭取となっていたとある。西上州では、頭取《とうどり》となった鬼定・鬼金という博徒が史料に記録されていた。このように、武州に比べ、上州・野州のほうが世直し勢に対する史料記述は詳細となり、具体的な人物像も浮かび上がってくる。この差異はどこからくるのであろうか。

武州地域、とくに多摩地域の村々は、世直し勢とのコミュニケーションを拒否し、情報を集積することもなく、騒動の最初から彼らを「悪党」とし、その実態に関心を向けようとしなかったのである。わたしは、武州世直し騒動の中心舞台が多摩地域であったことを重視したい。この地域には、約三〇年前の甲州騒動の記憶が残っていたのではなかろうか（須田努「語られる手段としての暴力」『歴史学研究』増刊号、二〇〇五年）。甲州騒動において、百姓一揆の作法は崩壊した。騒動勢は武器を携行して、家屋への放火や盗みを行う「悪党」であり、この「悪党」に対抗するには、村の暴力が有効であった、という記憶である。

農兵をめぐる村々

幕末、社会がいっそう不安定になると、幕藩領主は兵農分離《へいのうぶんり》の原則を崩し、農兵隊設立を企図していく。武州多摩地域では、いち早く幕府代官江川親子によって農兵銃隊が創設され、地域の自衛は、ゲベール銃を装備した農兵銃隊にゆだねられた。武州世直し騒動の際、調練された農兵銃隊は世直し勢を殺害し、地域を防衛したのである。

農兵銃隊は、幕藩領主にとって秩序維持、「悪党」への対抗という側面において有効であったため、川越藩が農兵設立に動き始めたが、川越藩領の村々は、農兵に反対する強訴を展開した。

慶応四年（一八六八）に入り、幕府と薩長との内戦の危機が迫る中、上州地域では、地域治安対策ではなく、薩長に対決する軍事力として農兵設立が企図された。上州の村々はこれに対する反対を掲げ、世直し騒動を起こしたわけである。

百姓たちは、自分たちの生命・財産を守るために、有効であると認識すれば、農兵隊の設立に主体的に応じ、参加者は積極的に活動した。しかし一方、農兵設立が、負担増につながるだけで、地域自衛には無駄であると判断すれば拒否し、まして内戦という幕藩領主間の戦争に動員するものとして強要された場合、騒動を起こしてまで反対したのである。

野州では、天狗党の乱以降、幕藩領主は治安対策として、農兵隊を結成していたが、史料から農兵隊の具体的な行動を復元することはできなかった。野州の農兵隊は、足利藩領や旗本領などが中心であり、幕領での結成を示す史料は見出せない。

武州の農兵銃隊は、いわゆる江川農兵隊として著名である。しかし、わたしは、これを農兵隊の普遍的・典型的な形態として理解することはできないと考えている。武州多摩地域の農兵銃隊は、江川親子という世襲代官の存在と、地域に染みついた甲州騒動の記憶から生み出されたものであり、多摩の地域特有として理解したほうがよいのかもしれない。農兵隊をめぐる以上の相違を、わたしは繰り返し述べてきたように、村々・百姓たちは地域自衛という目的のために、何が有効なのかを主体的に判断し行動していた、という立場から理解したい。

戊辰戦争の中で

武州世直し騒動と、上州や野州の世直し騒動とを比較する場合、慶応二年（一八六六）か四年かという時期的相違を無視することはできない。もちろん戊辰戦争の問題である。上州世直し騒動は戊辰戦争が迫る中、野州世直し騒動は戊辰戦争のまっただ中に発生した。上州・野州ともに、幕府代官・関東取締出役らは在地を捨て逃げ出していた。上州の弱小藩は、世直し騒動を鎮圧することもできず、打ちこわしに荷担することまでした。上州一帯は権力の空白地帯となり、小栗上野介襲撃に見るように、世直し勢の暴力は幕藩領主に向けられていた。内戦状態におかれた野州地域では、東征軍＝維新政府軍の武力によって世直し勢は壊滅させられた。

武州世直し騒動では、世直し勢を殺害している農兵銃隊や豪農の私兵たちといった、民衆相互の間におけるいわば水平方向の暴力が強く働き、上州や野州の世直し騒動の場合では、権力の空白状況と新たな権力の登場という大きな社会変動の中で、世直し勢と幕藩領主・東征軍の衝突という垂直方向の暴力が行使されていたのである。

一九世紀、水平方向の暴力と垂直方向の暴力が交差していた。このあり方を、わたしは〝万人の戦争状態〟と表象した。百姓一揆研究者の保坂智さんは、わたしが論じた暴力の事例は「領主軍・農民・有徳人たちの一揆に対して行われた暴力」であり、「一揆が暴力化したと見ることはできない」として、〝戦争状態〟とは言えない、としている（保坂智「百姓一揆と暴力」『歴史評論』六八八、二〇〇七年）。これはまったくの誤読である。保坂さんはわたしの議論を、一揆の暴力という狭い範囲にすり替えているが、わたしは、一八世紀の百姓一揆には見られなかった、世直し勢の武器の携行使用を問題にし、彼らを「悪党」とすることによって、彼らを殺害していった村々の動向を重視して幕末の社会を〝万人の戦争状態〟と論じたのであるから。

従来の百姓一揆研究・民衆運動史研究の中で無視され、もしくは見ないように蓋をされてきた民衆間で行使された水平方向の暴力の問題こそ、一九世紀の社会を考えるうえで重要なのである。

また、プロローグで触れたように、〝万人の戦争状態〟とは概念（暗喩）であり、実態ととらえられても困ってしまうことも付け加えておきたい。

〝今ここにある危機〟を生きた人びと——エピローグ

本書『幕末の世直し 万人の戦争状態』は『「悪党」の一九世紀』（青木書店、二〇〇二年）の延長にあり、批判やアドバイスを受けとめて叙述したものとなっている。テキストの読みと解釈はもちろん自由であるので、わたしは今まで反批判という気の滅入る作業を一度も行ったことはなかった。しかし、コミュニケーションを拒否するような非難、あまりにもひどい誤読には応答したほうが良いと思い、本文の中で試みた。一部、読み苦しい部分があるが、ご海容いただければ幸いである。

一八世紀後半、田沼意次から松平定信の政策が展開する中で、私慾の蔓延と経済格差は江戸から地方にまで広がり、偃武《えんぶ》の社会を支えていた二つの柱のうち、一つ目の支柱＝仁政イデオロギーが機能不全に陥った。

一九世紀前半、天保の飢饉のさなか、甲州では、百姓一揆の作法を無視する騒動が発生し、幕藩領主の無力さが露呈された。幕藩領主への恩頼感が低下する中、人びとは自ら百姓一揆の作法を捨て去り、暴力という〝引き出し〟を開けたのである。当時、この逸脱行為を働いた集団は「悪党」と呼称された。

武器を携行使用し、家屋に放火する「悪党」に対して、幕府は無力であったという情報が周辺地域へと伝達されると、豪農たちの間では生命・財産を自らの剣術習得によって守る、という気運が形成されていった。しかし一方、偃武の社会での理想的な領主・領民間の関係を強調し、作法に基づいた百姓一揆を顕彰する動きも起こっていた。

ペリー来航後、二つ目の支柱である武威という理念も崩れていった。元治年間、尊王攘夷の風潮が広がり天狗党の乱が発生、北関東地域は戦場となった。天狗党の乱暴から身を守るために、村々は天狗党に対して暴力を行使していった。

文久期、治安の悪化と社会不安はさらに増幅した。「悪党」に対抗するため、関東地域の村々は農兵・農兵銃隊を結成していった。慶応期、世直し騒動は「悪党」と農兵・農兵銃隊とのぶつかり合いとなった。

世直し騒動に参加した人びとは、豪農・商を打ちこわす自己の行為の正当性を主張する際に世直しという言葉を掲げていた。わたしは幕末の世直しを、人びとが打ちこわしという実力で、経済格差の是正を目指す行動であったと幅広くとらえた。この論点は、一九七〇年代の研究と比べ大きな齟齬はない。本書ではこれを前提にしつつ、天保期以降、仁政イデオロギーと武威が揺らぎ、幕藩領主の統治能力が限りなく低下する中、民衆は暴力という〝引き出し〟を開けたという事実に着目し、これを直視することから、社会変容の問題を論じたわけである。

わたしは、一八世紀までの偃武の社会に対して、民衆間の水平方向の暴力と、領主と民衆間の垂直方向の暴力がクロスする、幕末の世直しの有様を〝万人の戦争状態〟と表象し、本書のタイトルにもつけた。これは概念（暗喩）として提起したのであり、農兵銃隊のメンバーや、剣術稽古をしている若者と、「悪党」とが日々殺し合いをしていた、などと言っているのではないことを繰り返し述べておきたい。

では、この〝万人の戦争状態〟はいつまで続くのであろうか。わたしは、一九世紀末まで続いていたと考えている。具体的には、明治一七年（一八八四）の秩父事件までである。秩父事件を最後に、農村を舞台に暴力を選択した民衆運動は終焉した。〝万人の戦争状態〟は、自由民権運動とその語り、という新たな社会文化の中に回収されていったのである（須田努「語られる手段としての暴力」『歴史学研究』大会増刊号、二〇〇五年）。

民衆の主体性を無視するような〝民衆史研究〟が未だに存在している。民衆史を専門とする歴史学徒として、この問題を見すごすわけにはいかない。二〇世紀末から、国民国家という分析概念が一定の影響力を持っている――この問題点に関しては、須田努「織り込まれる伝統と開化」久留島浩・趙景達編『国民国家の比較史』有志舎、二〇一〇年で触れた――。牧原憲夫さんが、国民国家論を背景に客分としての民衆像を描いている。牧原国民国家論に対しては、大門正克さんが痛烈な批判を展開している（牧原憲夫編『〈私〉にとっての国民国家論』日本経済評論社、二〇〇三年）。牧原さんがobjectとしてして描く民衆は、あまりにも静態的・固定的であり、国家の風景でしかないことが露呈されてきた。牧原さんは、『文明国をめざして』（小学館、二〇〇八年）に「暴力の時代を生きる」という節を設けている。幕末社会を論じる際に、当然ながら暴力の問題は避けて通れないからであろう。ところが、この本が語る幕末の暴力とは、尊王攘夷運動や戊辰戦争といった武士の問題に限定されているのである。牧原さんは、民衆の問題に関心がないようである。それならばまだいい。しかし、牧原さんは同書で「民衆の姿」にこだわろうとしているのである。

幕末の民衆や社会を叙述するには世直し騒動に触れざるを得ない。牧原さんは、武州世直し騒動に触れ、世直し勢がいかに百姓一揆の作法を守っていたかを論じている。これはい い。たしかに、作法を守っていたとする史料も存在しているからである。しかし牧原さんは幕末を「暴力の時代」としているにもかかわらず、世直し勢が村や農兵銃隊の暴力によって殺害された、という歴史的事実に触れようとせず、世直し勢が暴力を発動した上州世直し騒動や、野州世直し騒動に関してはまったく無視しているである。〝清く正しい民衆像〟に都合が悪い事象は切り捨てているとしか思えない。

この問題は、本文でも触れた保坂智さんの語り方にも通底している。それは、民衆が幕藩領主に振るう垂直方向の暴力は評価できるが、民衆間で行使される水平方向の暴力にはなるべく目を背け、〝正しく闘う民衆像〟を提起したい、という発想である。

このように、民衆の主体性を無視した、もしくは民衆というものに無感覚でナイーブな歴史像が未だに創られているのである。〝民衆史研究〟の陥穿と言えよう。

一九世紀に生きた人びとは〝今ここにある危機〟をどう乗り越えるか、必死に生きていた。彼らの〝引き出し〟の中には暴力という手段も含まれていたのである。既存の権力が崩壊し、内戦が起こるという恐怖とその意味、人びとが人びとに行使する水平方向の暴力の問題、このような歴史的事実から目を背けずに議論する必要があると思う。

あとがき

一九八〇年代、わたしが日本近世史の勉強と、故木村礎さんの指導で村落史調査を始めた頃、百姓一揆・人民闘争史という研究領域は、研究者の層も厚く輝いていた。

群馬県で県立高校の教員に就職する際、わたしは定時制高校への赴任を希望した。普通高校の生徒は大学に進学して歴史学を勉強できるが、定時制の子たちにとって高校での日本史が歴史と触れあう最後の機会だから、彼らにこそ日本史を教えたい、というのが動機であった。しかし勉強・研究の時間が欲しいという了見があったことも事実であった。

自己の感情をコントロールし、意志を論理的に言語化することが苦手な定時制の生徒たちとの格闘が日々続いた。赴任動機がいかにうわべだけで、思い上がったものであったかを思い知らされた。しかし、この定時制での経験がなければ、わたしの民衆史研究はまるで違ったものになっていたと思う。

こうした日々が続く中、一九八九年に東欧革命が起こった。このショックは大きかった。高校教員を辞し大学院に進学した。勉強をし直さなければならない、と意識するほど、自分の立脚した――と信じていた――学問は脆弱なものであった。

百姓一揆・民衆運動史――九〇年代後半に人民闘争史という方法論は崩れてしまった――を勉強するため、早稲田大学の深谷克己さんのゼミに入った。研究テーマは、当然のごとく百姓一揆・民衆運動史を選んだ。九〇年代後半、三〇代以下の〝若手研究者〟で、このテーマを選択する仲間はいなかった。当時、近世・近代の民衆運動史を研究する諸先輩たちの間では「民衆とは何か」「民衆の立場で」「民衆への視座が必要だ」、はては「民衆の苦悩が分かっていない！」といった議論が起こっていた。とくに自由民権運動を専門に研究している方々にこの傾向が強かった。最初、冗談かと思ったが、どうも本気の議論のようなので、わたしは戸惑ってしまった。民衆とはあくまでも歴史を理解するための分析概念である。民衆という実態の区分けがあるとすると、わたしも、わたしの家族も、わたしが生きてきた空間も、すべて民衆という括りの中で完結していた。大学院進学後も昼夜働いていたわたしは「民衆とは何か」なぞ意識したことなどなかった。この頃から、わたしは、〝アカデミックな民衆史研究〟と自分の民衆史研究との間に決定的なズレがあることを自覚するようになった。しかし、この段階におけるわたしの民衆史研究とは多分に経験的なものであり、学問的に結晶化できたものではなかった。

二〇〇〇年代に入り、わたしは四〇歳を超えたが、相変わらず〝若手研究者〟と呼ばれていた――日本では研究職に就いていない歴史学徒は年を取らないらしい――。本当に若い研究者は、百姓一揆・民衆運動研究の領域に入ってこなかった。二〇〇二年、わたしは『「悪党」の一九世紀』（青木書店）で民衆が民衆に振るう暴力＝水平方向の暴力と、社会変容の問題を論じた。温かい声援とアドバイスもいただいたが、批判のほうが多かった。〝アカデミックな民衆史研究〟、とくに日本近世・近代史の領域では、民衆の実践とは権力に向かうべきものであり、民衆が相互にふるう暴力の問題に踏み込むことはタブーとされていた。しかし、一九世紀が暴力の時代であったことは、まぎれもない歴史的事実であり、この中で人びとは生き、主体的に行動していたのである。

歴史学は同時代性を強く持った学問である、とわたしは考えている。近代という絶対的な価値は揺らぎ、新自由主義もみごとに崩壊した。二〇〇八年、アメリカの金融危機の影響で、日本での経済不況は出口が見えない。若者たちの将来、就職難は目も当てられない状況となっている。まったく彼らに責任はないのに。わたしは、生来楽天的な男であるが、若者を二人抱える「おとん」として、また、毎年ゼミの学生を社会に送り出す立場としては、どうも暗くなってしまう。若者に希望がなくなった社会は崩れ始める。今の日本はこの岐路なのではなかろうか。わたしたち大人には、現在の日本の社会を〝万人の戦争状態〟にならぬようにする責務がある。

群馬県で生まれて以来、ずっと関東を生活基盤としてきた、わたしの視点と発想は関東的であり、本書のフィールドも関東地域中心となってしまった。この数年間、わたしは、東アジアへの視野を持ち、歴史認識の枠組みも広げたつもりである——韓国語の学習はさっぱり上達しないが——。近年、共同研究で、東北地方の社会史をまとめることができ（須田努編『逸脱する百姓—菅野八郎からみる一九世紀社会—』東京堂出版、二〇一〇年）、また鹿児島県地域にも調査に入ることができた。本書で提起した一九世紀像は、関東に限定したものではない、という感触をつかみかけている。ご批判をいただければ幸いである。

二〇一〇年八月

須田　努

著者紹介

一九五九年、群馬県に生まれる

一九九七年、早稲田大学大学院博士後期課程文学研究科日本史学専攻修了　博士(文学)

現在、明治大学情報コミュニケーション学部准教授

主要著書・論文

『「悪党」の一九世紀』『暴力の地平を超えて』(編著)『イコンの崩壊まで』「江戸時代　民衆の朝鮮・朝鮮人観」(『思想』一〇二九)

歴史文化ライブラリー

307

幕末の世直し　万人の戦争状態

二〇一〇年(平成二十二)十一月一日　第一刷発行

著　者　須《す》田《だ》努《つとむ》

発行者　前田求恭

発行所　株式会社吉川弘文館

東京都文京区本郷七丁目二番八号

郵便番号一一三—〇〇三三

電話〇三—三八一三—九一五一〈代表〉

振替口座〇〇一〇〇—五—二四四

http://www.yoshikawa-k.co.jp/

印刷＝株式会社 平文社

製本＝ナショナル製本協同組合

装幀＝清水良洋・渡邉雄哉

歴史文化ライブラリー

1996.10

刊行のことば

現今の日本および国際社会は、さまざまな面で大変動の時代を迎えておりますが、近づきつつある二十一世紀は人類史の到達点として、物質的な繁栄のみならず文化や自然・社会環境を謳歌できる平和な社会でなければなりません。しかしながら高度成長・技術革新にともなう急激な変貌は「自己本位な刹那主義」の風潮を生みだし、先人が築いてきた歴史や文化に学ぶ余裕もなく、いまだ明るい人類の将来が展望できていないようにも見えます。このような状況を踏まえ、よりよい二十一世紀社会を築くために、人類誕生から現在に至る「人類の遺産・教訓」としてのあらゆる分野の歴史と文化を「歴史文化ライブラリー」として刊行することといたしました。

小社は、安政四年(一八五七)の創業以来、一貫して歴史学を中心とした専門出版社として書籍を刊行しつづけてまいりました。その経験を生かし、学問成果にもとづいた本叢書を刊行し社会的要請に応えて行きたいと考えております。

現代は、マスメディアが発達した高度情報化社会といわれますが、私どもはあくまでも活字を主体とした出版こそ、ものの本質を考える基礎と信じ、本叢書をとおして社会に訴えてまいりたいと思います。これから生まれでる一冊一冊が、それぞれの読者を知的冒険の旅へと誘い、希望に満ちた人類の未来を構築する糧となれば幸いです。

吉川弘文館

〈オンデマンド版〉
幕末の世直し 万人の戦争状態

歴史文化ライブラリー
307

2022年(令和4)10月1日 発行

著　者　須《す》田《だ》　努《つとむ》
発行者　吉 川 道 郎
発行所　株式会社 吉川弘文館
〒113-0033 東京都文京区本郷7丁目2番8号
TEL 03-3813-9151〈代表〉
URL http://www.yoshikawa-k.co.jp/

印刷・製本　大日本印刷株式会社
装　幀　清水良洋・宮崎萌美

須田　努(1959～)

ISBN978-4-642-75707-2